古宮 昇 著
葛城かえで シナリオ制作
サノマリナ 作画

マンガでやさしくわかる 傾聴

Active Listening

日本能率協会マネジメントセンター

はじめに

「『話す』ことに比べて『聴く』ほうが簡単だ」「自分は他人の話くらいは聴ける」

そんなふうに感じたことはありませんか？

ところが実際は、そういう人のほとんどが、あまり話さず受身でいることが「話を聴くこと」だと思っていたり、相手が本音を話しづらくなるような応答をしていたり、相手の話を正しく理解することなく自分の解釈に置き換えていたりしているものです。そのいずれも本当の意味で人の話を聴けているとは言えません。

これらに対して、相手の言葉に耳を傾け、相手がわかってほしいことを相手の身になって理解する営みのことを「傾聴」と呼びます。

私は心理カウンセラーとして、日本、米国、ニュージーランドで合計20年以上、のべ5000人近い方々の心の援助をしてきました。また、大学院で臨床心理士を目指す学生たちや全国各地で開催される講座に参加されるみなさんに傾聴の指導をしてきました。それらの経験からわかってきた、傾聴を学ぶ方々がつまずきやすいポイントを特にていねいにわかりやすく説明したのが、この1冊です。

一般的な傾聴講座には、形式的なテクニックや理論を扱った堅苦しいものが多いのも事実ですが、この本で私は傾聴の本質をお伝えしています。難しい理論を詳しく時間をかけて学ぶよりも、まずは「傾聴ができるようになりたい」と願う人のために、マンガを読むうちに、傾聴の基本が自然と頭に入るしかけになっています。

マンガと解説を併せて読むことで、傾聴の心がまえから、傾聴にあたってどう応答すればいいのか、沈黙になったときや質問されたときの対応のし方、話し手の心理など、傾聴を実践する際に大切な基本がひと通り学べます。

傾聴ができれば人間関係が変わります。

さあ、一緒に傾聴を学んでゆきましょう。

古宮《こみや》 昇《のぼる》

マンガでやさしくわかる傾聴　目次

Prologue

傾聴って？

Part 1

「聴いてほしい」人の心のしくみ

Part 2

傾聴の基本

Part 3

傾聴の実践

子どもに
怒鳴ってしまった後に
自己嫌悪になるんです

Prologue

傾聴って？

Story 0
お騒がせ市長登場！
京長市役所
市長
まだかね～
ザワ
ザワ
京長市役所職員
二階堂《にかいどう》いずみ（33歳）
ギィ…
みなさ～ん！
本日 京長市長に
就任した
樹木《きき》大次郎《だいじろう》で～す
気軽に
大次郎市長って
呼んでください！
・・・・・・

おっと…
にこにこ
リアクション薄いですねぇ
ペラペラ
今度の市長は軽いノリの人ですよね
新しい市長って色々とやりたがるから止めるのが大変なんだよなぁ
できるだけ黙って席に座ってくれていたらいいんだけど…
ウィイーン
ってセグウェイ乗ってるし!!
ウィイイン

個性的な市長よね…
まぁ 私は普通に業務してれば ほとんど関わる ことはないけど…
ウィイイン
カタ カタ
二階堂さん
は… なんでしょう 課長?
ちょっといいかな
会議室
新市長が 新設した 新しい課だよ
ぜひそこで 君の力を 発揮してほしい
は?
耳かたむけ課?
なんですかそれ?
私が… ですか?
ていうか そこで一体 何するんですか?
知らないよ どうせ 話題づくり だろ
さっそく 来週から 頼むよ
んじゃね

耳かたむけ課って
相談窓口
みたいな…？
？
ジャー
ガシャ ガシャ
ピコ ピコ
キュッ
ふぅ
ピコ ピコ
……
無反応〜
あ〜
疲れたぁ
どさっ

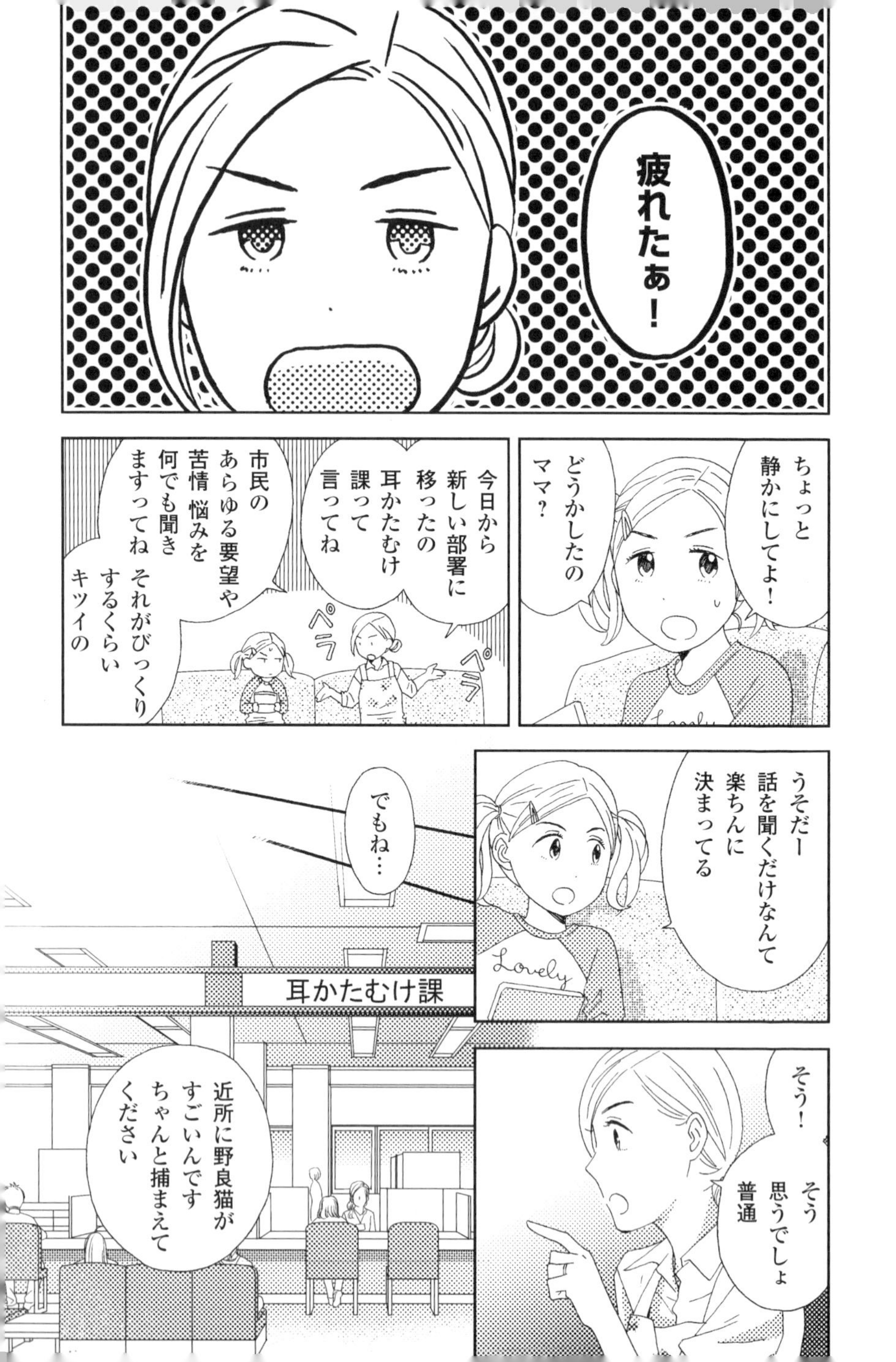
疲れたぁ！
ちょっと静かにしてよ！
どうかしたのママ？
今日から新しい部署に移ったの耳かたむけ課って言ってね
ペラペラ
市民のあらゆる要望や苦情悩みを何でも聞きますってね それがびっくりするくらいキツイの
うそだー話を聞くだけなんて楽ちんに決まってる
Lovely
でもね…
耳かたむけ課
近所に野良猫がすごいんですちゃんと捕まえてください
そう！
そう思うでしょ普通

え…いや…それは担当が違いますから…
保健所に連絡してもらえますか…?
ほ…保健所って殺処分する気ですかっ!?
ひどいっ
ガタッ
で ですが…それが決まりなんで…
最低っ!
プンプン
……
近くのコンビニに高校生が集まってうるさいんですけど
なんとかしてもらえんか?
なるほど
そうですね…
えっと…
それは環境政策課へお話ください
ええそんな面倒くさい
お願いしておいてよ
よろしく頼むぞ
スタスタ
ガタッ
スタスタ
え
あ
あの…!
はやっ…

ズズ…
人の話を聞くのって大変なのよね…
チラ…
って聞いてない
だって話長いんだもん
じゃあパパ聞いてよ～
あーおれ風呂
ササ
はあ…
こんなにがんばってるのに
どうして誰も認めてくれないのよ……
パサ…
耳かたむけ課
生活課
ーーしてみては？

わかったよ 行けば いいんだろ
結局よその部署 行かせるなら いちいち 話させるなよ
す… すみません
はぁ…
こっちだって 好きでやって いるんじゃないわよ
ブツ ブツ
だから水曜日は いつも出張で いないから
燃えるゴミの 回収日を増やすか 別の日に変えて くれって頼んで いるんです
それは さすがに…
地域のルール ですし
それじゃあ うちの部屋が ゴミで埋まって いいって ことですか？
イラ イラ
そういう わけじゃ…

燃えるゴミの日以外にゴミ出すとおばちゃんうるさいし
チェック!!
ゴミ50L
野良猫がゴミ袋やぶるし最悪なんです
野良猫だってどうにかしてくださいよ
それはここではなく保健所に行ってください
なんで私がそんなことしないとだめなんですかっ
あなたの仕事でしょ?
ですから…京長市の決まりです
それがルールなんです!
カチン
さっきからルールルールって何がルールだよ!
そんなもんアンタらが勝手に決めたことだろ!?
押し付けんじゃないよ!
ビクッ
し…しまった…
地雷を踏んだかも

だ…
誰か助けて…
見ぬふり〜
チラ…
ど…どうしよう…
怖い…
〜〜〜!!
なんで私が
こんなことに
〜〜〜!!
正しいこと
言っている
のに……
じわ…
私が
代わります
ポンッ
市長っ

大次郎市長って呼んでって言ってるのに
誰も呼んでくれないけどね…
す…すみません
代わって
え…でも…
あんたが市長さんだっけ?
その人にも言ったんだけど……
でさぁ…
あーだ
こーだ
え…
なに…
どういうこと…?
あんなに怒り狂ってたおじさんが…どんどん表情が和らいでいく

そして――
ペコッ
ありがとう ございました
大家さんと 相談してみます
ええ えええぇ えぇぇ
♪～
…どうして 何を言っても 文句ばかり だったあの人が
何を納得して 帰って いったんですか?
え? 話を聴いた だけだよ
は? 私だって 聞いて いました…
君は 話を聴いて いなかったよ
え…

ただ自分の価値観を押し付けていただけだった
ど…どういうことですか?
ルール ルールって何度も言っていたよね
……
だって…
ルールじゃないですか
人はね 誰もが認められたいという承認欲求があって
自分が大切にされていると感じると承認欲求が満たされる
承認欲求
そのためにはまず相手の話を聴き相手の世界観を受け入れて
あるがままに受け入れるんだ

けど…
市民一人ひとりの声を聴いていたら…仕事になりません
確かにそう考えるかもしれない
だけど傾聴の技術があれば解決できる問題は多いのさ
え…傾聴…？
さっきの相談者も話を聴いてほしかったんだよ
そんな…
傾聴ができるようになると人生が変わるからね
……
耳かたむけ課
傾聴ってそんなにすごいものなの…？

なぜ人は話をよく聴いてくれる人が好きなのか？

01

話上手より聴き上手

突然の異動に戸惑いながら「耳かたむけ課」で相談者の声に耳を傾ける二階堂さんですが、対応を間違えて、とうとう相手を怒らせてしまいます。そんな相手をあっという間に鎮《しず》めてくれたのが、「耳かたむけ課」を新設した張本人の樹木大次郎《ききだいじろう》市長でした。

ですが、市長がやったことといえば、ただひたすら相手の話に耳を傾けていただけのようにも見えます。特別な技や言葉を使うわけでもなく、ただ「聴くだけ」にどれほどの効果があったのでしょうか？

これからゆっくり説明していきますが、じつは「聴く」ことには絶大なパワーが秘められています。実際に、「人はどんな人に好感を抱くか」を調査すると、「話が面白い人」より「話をよく聴いてくれる人」という回答のほうがずっと多いという結果が出ます。つまり、**話し上手な人よりも聴き上手な人のほうが相手にはインパクトが大きいものなのです。**

⇩自分を表現したいという強い欲求

では、そもそもなぜ人は話を聴いてもらいたいのでしょうか？

それには、誰もがもつ「自分を表現したい」という強烈な欲求が大きく関係しています。

私たちは日々さまざまな方法で自分を表現しています。ファッションや髪型、Eメール、SNSへの投稿、歌うこと、絵画や写真、ダンス、文章や詩を書くことなど、方法は色々ありますね。

想像してみてください。もし仮に、一生のうちたった24時間だけでも一切の自己表現を禁止されたとしたらどうでしょうか？

模様もデザインもまったく特徴のない服を強制され、飾り気のない髪型を勝手に決められ、化粧も禁止され、文章も詩もEメールも一切禁止。もちろん歌も歌えないし、一言も声を発してはいけない……。

もし仮にそんなことになったとしたら、きっと想像以上に苦痛に感じるはずです。私たちのもつ、「自分を表現したい！」という欲求はそれほど強烈なものだからです。

先ほど挙げたような数ある自己表現法の中でも私たちがもっとも頻繁に使っているの

が、「話す」という手段なのです。

最近の脳科学の研究で、私たちは自分のことを話すときに脳の快感中枢が活性化することがわかりました。快感中枢は、食事やセックスをしたりお金をもらったりしたときに活性化します。

つまり私たちにとって、自分のことを話すのは快感だということ。だから、誰だって自分のことを話したいのです。

ただし、そこには、「相手が興味をもって聴いてくれて、しかも、本音を言っても否定せず受け入れてくれ、わかってくれるときに限る」と、少々条件がついてきますから、ただ単純に「話ができればいい」ということでもありません。

私たちは誰だって自分のことを話し、聴いてもらい、受け入れてもらいたいもの。つまり、「話したい人」ばかりですから、必然的に聴き上手な人は貴重な存在であり、誰からも求められるのです。

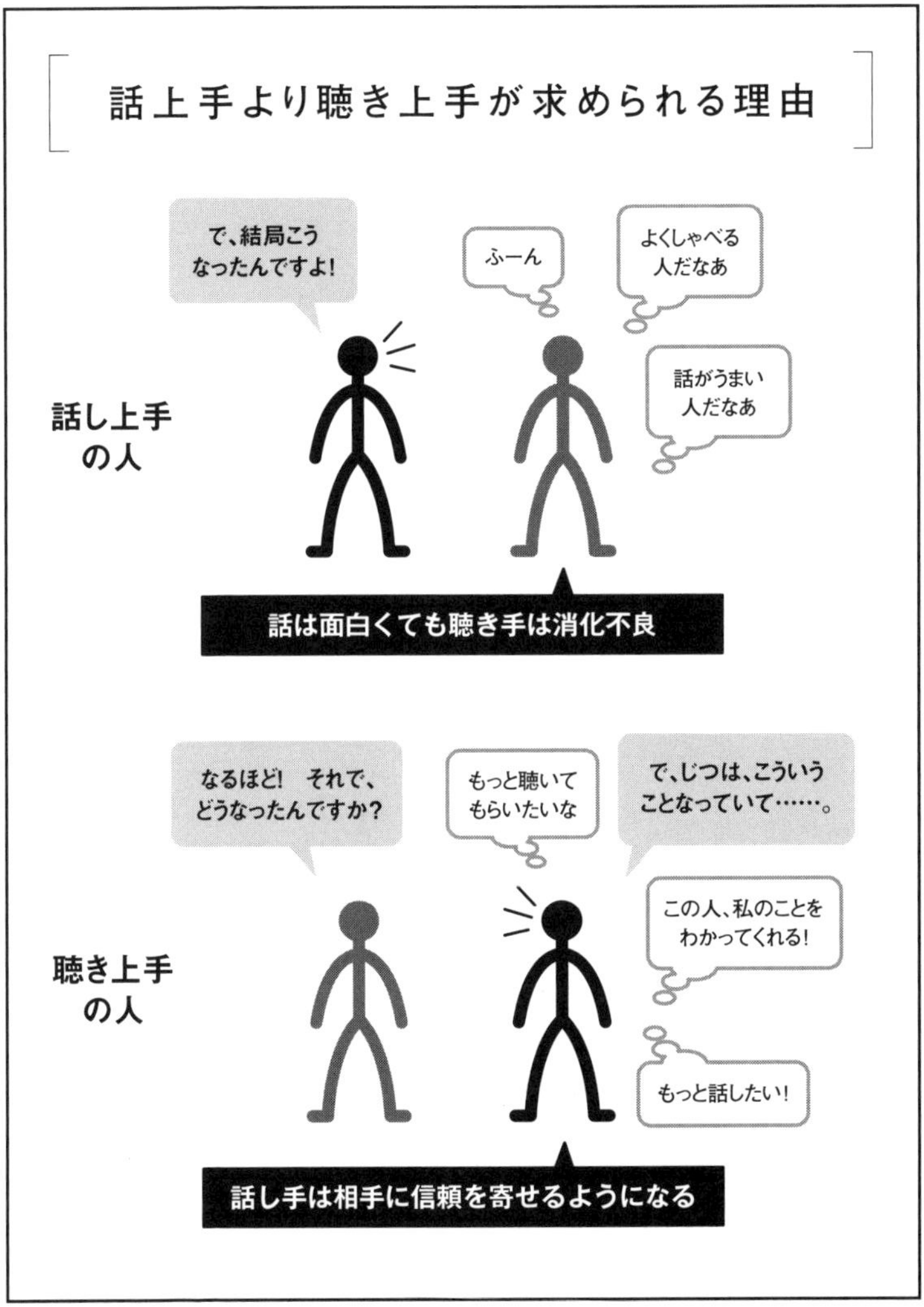
話上手より聴き上手が求められる理由
で、結局こう
なったんですよ!
ふーん
よくしゃべる
人だなあ
話がうまい
人だなあ
話し上手
の人
話は面白くても聴き手は消化不良
なるほど!　それで、
どうなったんですか?
もっと聴いて
もらいたいな
で、じつは、こういう
ことなっていて……。
この人、私のことを
わかってくれる!
もっと話したい!
聴き上手
の人
話し手は相手に信頼を寄せるようになる

02 「聴く」と「聞く」の違い

⇩相手の思いを受け止めて理解したことを言葉で返す

耳を傾けて相手の話をよく聴くことを「傾聴」と言います。**傾聴するときには、相手の気持ちに想いをはせながら、相手の感情も考えもなるべくその人の身になって理解し受容することが大切です。**それは、単に話し手の言葉を聞くこととは違います。

例を挙げて説明しましょう。

奥さんが出かけるときに、「雨が降っているわ……」と言ったとします。単にその言葉通りの意味を聞いただけのご主人なら「そうか」とか答えるかもしれません。または、自分のことを考えて「じゃあ、ゴルフの打ちっぱなしに行くつもりだったけどやめておこう」と言うかもしれません。

それに対して、もしもご主人が傾聴の応答をしたらどう言うでしょう。

奥さんが、「雨が降っているわ……」という言葉で、「雨になったらイヤだわ」というゆううつな気持ちを表現したとします。そうだとすれば、ご主人は「そうだね、うっとうしいね」と同意してみたり、「雨の中を外出するのは気が重いね」と優しく返したりするでしょう。

一方で、奥さんが、ずっと開くチャンスのなかったお気に入りの傘をやっと使えるからと嬉しくて、「雨が降っているわ……」と言ったとします。その場合ご主人は「あのかわいい傘が使えてうれしいね」などと返すはずです。

このように、傾聴とは話し手の言葉をただ聞くことではなく、**言葉によって表現されている話し手の思いをなるべく自分のことのように共感的に理解し、理解したことを言葉で返すことを指します。**

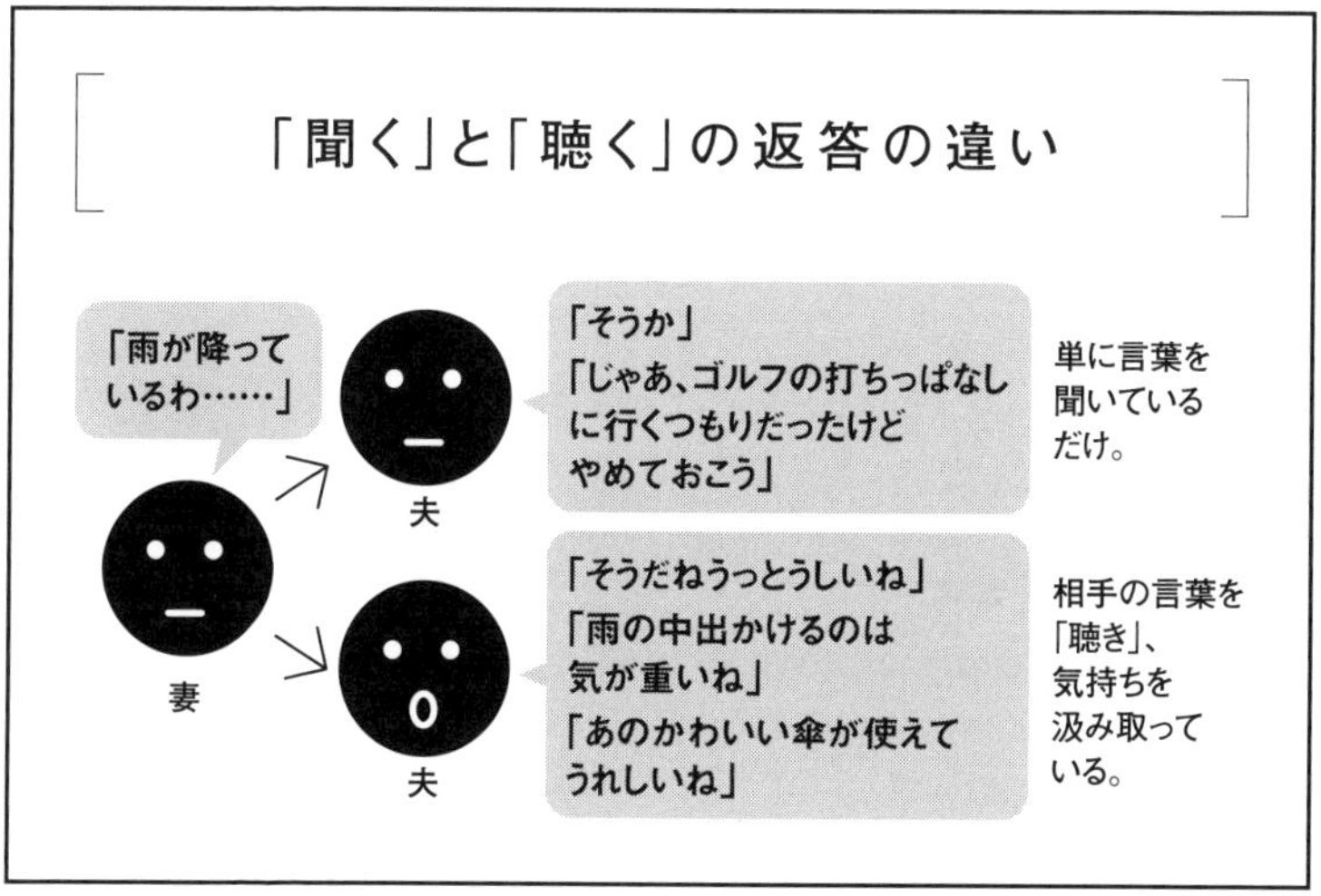
「聞く」と「聴く」の返答の違い
「雨が降っているわ……」
妻
夫
「そうか」
「じゃあ、ゴルフの打ちっぱなしに行くつもりだったけどやめておこう」
単に言葉を聞いているだけ。
夫
「そうだねうっとうしいね」
「雨の中出かけるのは気が重いね」
「あのかわいい傘が使えてうれしいね」
相手の言葉を「聴き」、気持ちを汲み取っている。

03 傾聴されると心にどんな変化が生まれるか

⇩心が柔軟になる

私たちは、何を話しても聴き手が関心をもって自分の話を聴き、自分の言いたいことや気持ちを親身になってわかってくれたら、さらに自分の思いを話したくなります。そうして話していくにつれ、心に少しずつゆとりが生まれます。気持ちも徐々に落ち着き、かたくなだった心も少しずつ柔軟になっていきます。

⇩今まで気づかなかった気持ちに気づく

私たちは自分の感情や考えを自分でわかっているつもりですが、実際にはわかっていない部分もかなりあるものです。なぜなら、誰もが、自分では気がつかないうちに感情を抑え込んでいるからです。そんなとき、傾聴してくれる相手に自分の思いを話していくと、次第に、今まで自分では気づいていなかった本当の気持ちや考えがよりはっきりとわかるようになります。喜びも悲しみも怒りも、より自由にいきいきと感じられるようになります。すると、生きている実感が得られ、さまざまなことをより豊かに経験するようになっていきます。

そうすると、さらにどうなるでしょうか？

まず、心の健康度が徐々にアップします。感情を抑え込むことに心のエネルギーを使う必要がなくなりますから、そのエネルギーが解き放たれます。そのため、しばしば元気もやる気もアップします。

⇩聴き手にも変化が訪れる

変化は傾聴する側にも訪れます。

傾聴するときは、話し手の話すことを「それはよい」「それはダメ」などと、いちいち自分のものさしで判断したり批判したりせず聴くものです。それが進んでいくと、話し手はさらに本音を話すようになります。そうすると、傾聴する側は人のさまざまな本音を受け止めることになります。その経験を積み重ねていくことによって人としての〝間口〟が広がっていきます。つまり、価値観がより広がり柔軟になるのです。

傾聴の効果

04

人間関係がよくなる

25頁でもお伝えした通り、私たちは、誰もが自分の思いを表現したくてたまりません。さらに、「自分のことを理解してほしい。そして受け入れてほしい」と強烈に望んでいます。

傾聴は、そんなごく自然な人間の欲求に寄り添って、なるべく相手の身になってその話を理解し、受け入れる営みです。

そうやって受け止めてもらえていることがわかると、私たちは相手にもっと本音を話したくなるものです。そこでさらに本音を話し、それがまた傾聴され受け入れられる……。そのやり取りをくり返すたびに人と人の心の距離は少しずつ縮み、信頼感が醸成されてゆきます。

ですから、**傾聴によって夫婦・恋人関係、親子関係、兄弟姉妹の関係、友だち、ご近所、趣味の仲間など、さまざまな人間関係がよくなります。**

また、男女ともに聴き上手だと異性に好かれやすくなるのも事実です。聴き上手の人と話していると楽しいし、どんどん本音を言えるために関係が近くなるからです。

⇩職場でのコミュニケーションがスムーズになる

部下の話をすぐに「いい・悪い」で判断して自分の考えを押し付ける上司には、部下は言いたいことが言えません。重要なことも報告しづらくなります。また、そういう上司は部下とのコミュニケーションが乏しくなるので、お互いに意思疎通が難しくなります。特に、マイナスの情報を部下がなかなか言ってくれなくなりますから、大きな失敗や事故につながる可能性が高くなります。

反対に、部下の言いたいことをなるべく部下の身になって聴くことのできる上司には、部下は何でも正直に話しやすくなります。すると**意思疎通がスムーズになるし、部下はマイナスのことでも事前に話してくれますから、大きな失敗や事故を未然に防ぎやすくなります**。また、部下が上司の話をよく聴けば、上司からも信用されやすいでしょう。

このように、傾聴は、**職場の同僚とのコミュニケーションをスムーズにする効果もあります**。

セールスの場面でも傾聴は貴重です。「よいセールスパーソンは聴き上手」と言われることがよくあります。優秀な営業担当者は、お客さんに商品を売るときにいきなり自分の売りたい商品を売りつけたりせず、まずはお客さんの話を傾聴して、お客さんのことをよく知ろうとします。回り道のようですが、実際のところ、お客さんを理解し、そのニーズを把握してこそ、商品を買ってもらうことができるのです。

⇩人の心の支えになる

傾聴はまた、苦しんでいる人の心を支えるためにも重要です。私たちは辛い思いをしている人の話を聴くと、すぐに苦しみを取り除こうとしたくなるものです。ですからたいていの場合、問題解決のためのアドバイスをしたり、前向きに励ましたり、ポジティブなことを言ったりするはずです。すると相手は、「ぼく・私のためにこんなに言ってくれているんだ」と嬉しくなって一時的には少し元気になることもあるかもしれません。

でも、本当に辛い思いや苦しい思いをしているときには、アドバイスをされたり、前向きに励まされたり、ポジティブなことを言われたりしても、とても素直には受け止められないし、かえって心の負担になることが多いものです。

たとえば、あなたが恋人にフラれてとてもショックを受けているとしましょう。

裏切られたことで腹が立ってたまらないし、すごく悲しいし、寂しい思いでいっぱいです。そんなとき、友だちにはあなたの辛さをわかってほしいですよね。そこで、もしも友だちから「なぜフラれてしまったのか、その原因を分析して次からは恋愛で成功するようがんばれ」なんて前向きなアドバイスをされたら、よけいに腹が立つのではないでしょうか。

または、「恋愛ができただけいいじゃない。私なんか彼氏いない歴3年よ」とか、「結婚する前にフラれただけマシよ。もし結婚してから嫌われちゃったら離婚なのよ。ラッキーと思わないとね！」などとポジティブな言葉をかけられたとしても、プラスには考えられないでしょう。

さらに、「もっといい人が現れるから大丈夫よ」と気休めを言われても、本当に気持ちがラクになったりはしないでしょう。ラクになるどころか、「そんなふうにプラ

辛いときのポジティブな声がけは
負担になることも……
そんなポジティブに
言われたって……
原因を分析して
次はがんばれ！
イケメンの彼氏と
付き合えただけ
ラッキーよ！

スのことを言われると、どれほど辛く苦しいか」という本音はもう話せなくなります。

私たちは、フラれて辛い思いをしているとき、その辛さをわかってほしいものです。あなたもきっと、怒り、傷つき、悲しさを、「うん、うん」と心を込めて聴いてもらい、その気持ちをわかってほしいと思うのではないでしょうか。

⇩災害時には物質的な援助だけでなく傾聴が必要

落ち込む相手のためを思ってアドバイスすることが必ずしもよい方向に向かわない、という例で思い出すのが、東日本大震災直後に見聞きしたエピソードです。

被災地の村長たちがプレハブの部屋に集められ、そこに精神科の医師が入って来て話をしている場面をテレビで見ました。その医師は、震災後の危機対応でてんてこ舞いしている村長たちに、何をすればいいか、どう対処すべきか、を話しました。ところが村長たちは、「そんなことを言われたってうちの村じゃ無理だで」、「言ってることはわかるけどそれはできねえ」と、かなりネガティブな反応です。それに対してその医師は、どうすればいいかわからない、というような表情を浮かべています。

私は、映像に映るその医師のことを気の毒に感じながら、こう思いました。

「もしあのお医者さんが、正しいアドバイスを一方的に伝えるのではなくて、村長さんたち自身が心の支えがほしいこの場面で、村長さんたちに話をしてもらって声を聴く機会を先につくったら、この話し合いは違う結果になったんじゃないかなあ」と。

災害時や危機対応時には、援助者が物質的な援助をしたり、必要な指示や情報を提供したりすることが必要です。しかしそれとともに、当事者の話を聴いたり、お互いに話をし合うことのできる場を設けることがしばしば必要になります。※

⇩アドバイスよりもただ寄り添うことが必要なときもある

私はプロの心理カウンセラーです。心理カウンセリングにはさまざまな考え方があり方法がありますが、私が行う心理カウンセリングは傾聴に尽きます。心理カウンセリングが成功するのも失敗するも、悩み、苦しみを抱えて助けを求めて来られる来談者一人ひとりの気持ちをどこまで深く傾聴できるかにかかっていると思います。

あなたもきっと、大切な人が辛くて苦しんでいるのを見たら、力になりたいと思いますよね。そんなとき、ほとんどの人が、前向きに「がんばれ」と励ましたり、「○○なんだからいいじゃないか」とポジティブな面に目を向けさせようとしたり、「ああすればいい、こうすればいい」とアドバイスをしたりします。それよりも、その人の苦しい気持ちをなるべくその人の身になって理解し、一緒に寄り添うことが、何よりの心の支えになり、力

※ただし、被災者・当事者に話させようとしてはいけません。あくまで、被災者・当事者が話したいと思えば話せる場を提供することが大切です。

になるものです。

さあ、それでは、いよいよ次の章から、主人公の二階堂さんと共に、傾聴について学んでいきましょう。

Part 1

「聴いてほしい」人の心のしくみ

傾聴
へぇ… 傾聴って結構 ヒットするのね
傾聴なんて はじめて聞いた
ポチ ポチ
…
Story 1
耳かたむけ課に 来るのはどんな人?
あのときの市長は すごかったなぁ
あの面倒くさい 相談者が 最後には笑顔で 帰っていったんだから
もし私も 傾聴の技術を 身につけたら ……
はいはい 大丈夫ですよ
ありがとう ございます
そうそう 心配しなくて 大丈夫
助かりました
ふむふむ それでいいん じゃないかな
さすが 二階堂さん

私たちの話も聴いて〜！
そんなにいっぺんには無理よぉほほほほ〜
ほほほほ〜
ママ気持ち悪い
ふふふふ…
これは勉強する価値があるかも♪
けど…これだけサイトがたくさんあると
逆にどのサイトを信じていいのやら
傾聴
約1,260,000件
ズラリ
あ…「オウム返し」か……
これ聞いたことあるかも
じぃっ…
傾聴のスキル
●「オウム返し」
相談者の言葉を聞き、
相づちを打ったりうなずきながら
キーワードとなる言葉を繰り返す
A
A

なるほどなるほど
繰り返せばいいのね
簡単じゃない
あとは…
とにかく聞くこと
相談者の話すことを
まずはとにかく
聞いてあげる
とにかく聞けばいいのね
これもできそう♪
まずはこの「オウム返し」と「とにかく聞くこと」を試してみようかな！
ふふふふふふ
これで耳かたむけ課も怖くない！
……
ただいま…
キモイ
京長市役所
♪
おはようございます
ざわ
あれ
どうかしたんですか？

また市長がしょうもないことをはじめたんだ
うんせっこらせっ
目安箱
皆さん見ての通り目安箱を設置しました
ポンッ
目安箱は8代将軍徳川吉宗が庶民の不満を聴くために設置したものです
市をよくするためには市民の声が届くシステムが必要です
じゃあインターネットで募集すればいいのに…
ただこの目安箱は市民だけじゃなくて
市役所で働く皆さんの意見も大募集です
何かいいアイデアがあればどんなことでもいいのでこの中に入れてください！
子どもの支援やふるさと納税の拡充
空きスペースの再生や利用法なんでも構いません
待ってま～す！
ぞろぞろ
さー仕事
…ってあれ…？

目安箱になんて誰も入れないよな
あの市長 自分が変わり者だってことに気がついてないよね
さすがに気がついてるんじゃない…？
役所は現状維持変化を嫌うからね
二階堂さんも気をつけた方がいいよ
え？ 何を？
耳かたむけ課もうさんくさいと思っている人多いから
どうしてよ？
他は仕事が減って喜んでいるんじゃないの？
自分たちの仕事を取られたと思っている人も結構いるんだよ
そんな…
市長なんていずれ代わるんだからあまり目立ったことはやらないようにね
わ…
わかった…

耳かたむけ課
まぁ…目立ったことなんて別にやらないし…
トン
それじゃあこちらでお願いします
わぁ！こ…この人っ!!
クレーマーで有名なおばちゃん
どうして…いつも受付で対応してくれてるじゃない…
ニヤッ
何してるのよ
こ…これが嫌がらせ…
い…いえ…
いいわよ…子どもみたいな態度とるなら受けて立つわよ
私には「オウム返し」と「とにかく聞く」の武器があるのよ！
キッ
オウム返しの剣
とにかく聞くの盾

今日はどういったご用件でしょうか？
ニコォ
なんで美見川にベンチが設置されていないのよ！
ワンちゃんを散歩させるときにどこで休めばいいの？
どこで休めばいいんでしょうかね
オウム返し
それに！道の舗装もちゃんとしてよ
雨が降るたびに水たまりが出来てワンちゃんが汚れちゃうでしょ？
汚れちゃいますね
オウム返し
よしよしいい調子
次は…「とにかく聞くこと」作戦だ
あと駅前の駐輪場にももっと人を配置してくれない？
自転車が邪魔で通れないじゃない

はい
それと歩きながら携帯電話は危険でしょ？
あれやめさせてよ！
市役所でなんとかならないの？
はい
あと…
はい
…
はい
プル
プル
ちょっと！
あなたふざけてるの!?
ガッ
ビックリ
え…
ざわ。。。
なにっ…
どした!?
さっきから私の質問に1つも答えていないじゃないの？
ただ繰り返しているだけだし
挙句《あげく》の果てには聞いてもいない

き…聞いて いますっ!
ちょっと
責任者 いないの?
どうか しましたか 西野さん
ちょっと この人役に 立たないん だけど
そうですよね 失礼しました では あちらの お部屋で お話を聞かせて いただきます
くるっ
まったく 君たちは 何のために いるんだ
仕事を 増やさないで くれよ
す…
すみません…
ニヤ
ニヤ…

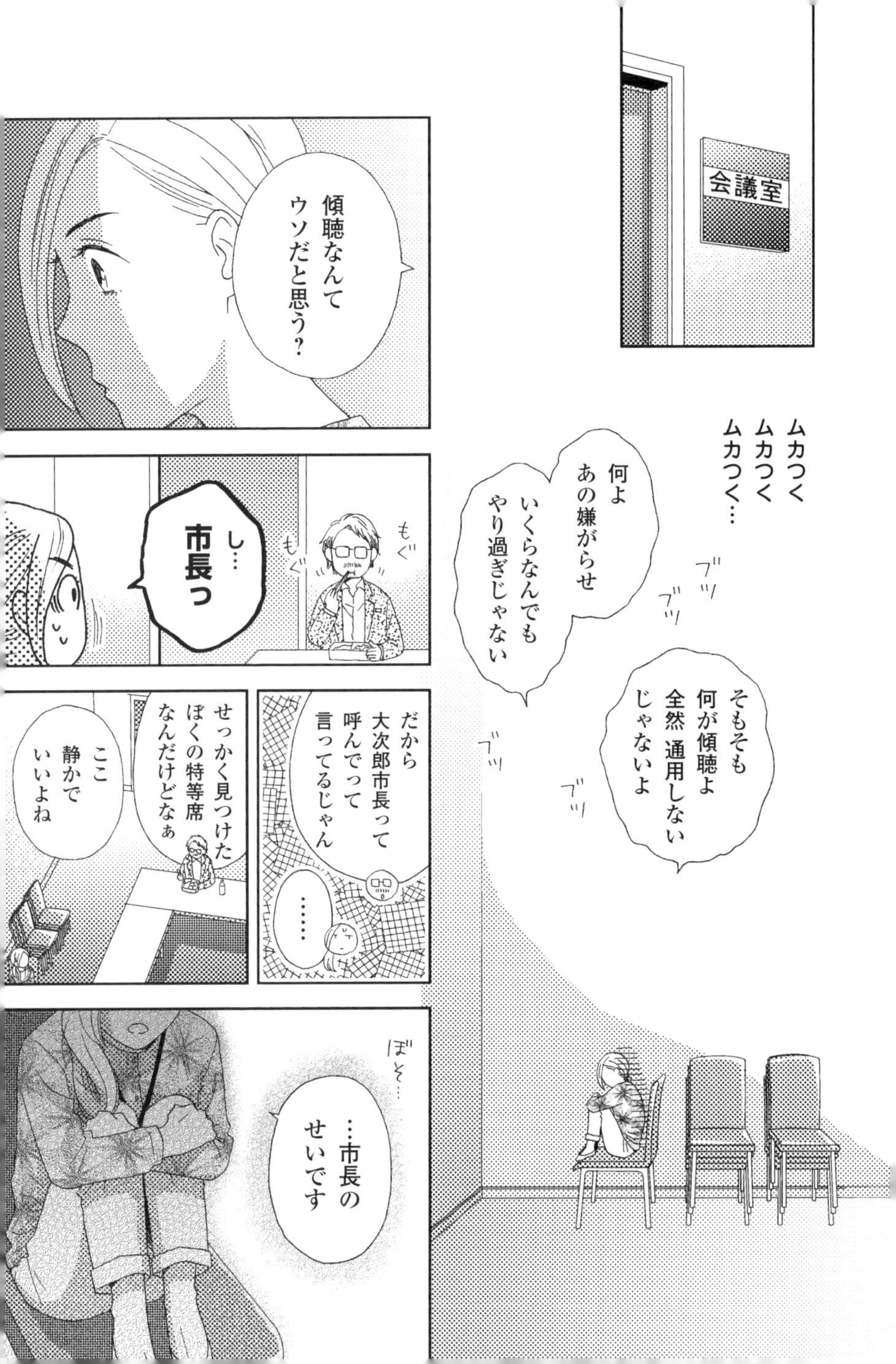
会議室
ムカつく ムカつく ムカつく…
何よ あの嫌がらせ いくらなんでも やり過ぎじゃない
ブツ ブツ
そもそも 何が傾聴よ 全然 通用しないじゃないよ
ブツ ブツ
傾聴なんて ウソだと思う?
し… 市長っ
もぐ もぐ
だから 大次郎市長って 呼んでって 言ってるじゃん
……
せっかく見つけた ぼくの特等席 なんだけどなぁ
ここ 静かで いいよね
ぼそ…
…市長の せいです

何が？
ぼく？
市長が傾聴できるようになると人生が変わるとか言うから……
じと…
何かあったの？
なるほどそんなことが…
にわか仕込みってわかっていましたけど…
やる気になって挑戦したのにうまく行かなくてがっかりなんだね
はい…
しかも他部署の人たちが嫌がらせをする
ええそうなんです…

そっかー
そ…そもそも市長がヘンなことばっかりするからこんなことになったんですよ
ぼくのせいで君までとばっちりを受けているんだ…
そうですよ！どうして私が嫌がらせされなきゃいけないいんですか!?
私だって一生懸命にやっているのに！
こんなの理不尽だって…
ホントですよ！
だって
私だって〜〜〜〜〜ですよ！
ペラペラ
でも〜〜〜〜〜!!
ペラ
そしたら〜〜〜
ふう
…でもにわか仕込みのテクニックじゃだめなんですね
うんうん
傾聴ちゃんと教えてくれますか？

もちろん力になるよ
市長って私が怒ってもちゃんと聴いてくれるんですね……
受け止めてもらえると素直に自分を見てまたやる気になりました
あの…
何？
まず傾聴をする際におさえておきたいこと
キュポッ
それは人は誰しも自分を表現したい
自分のことをわかってほしい
そしてそんな自分を受け入れてほしいって思っているということ
キュッ
表現したい
わかってほしい
受け入れてほしい
え…

だから話を聞いてもらえると人は理解してもらえた尊重してもらえた関心を向けてもらえたと感じ
その人に好感をもつと同時に信頼を寄せるようになる
好感 信頼
話を聞く
表現したい
わかってほしい
受け入れてほしい
私だって〜〜ですよ！ でも〜〜!!
ペラペラ
ペラ
そしたら〜
た…確かに
うんうん
さっきも市長に話を聞いてもらえて少しだけ認めてもらえた気になったかも…
けど ただ話を聴けばいいわけじゃない
話を聴くのが下手な人がいるんだ
聴くのが下手…ですか？
ぽんっ
うちの主人かな
どんな感じ？
人の話に関心がない感じです
いいね 他には？
話を否定するし結論を急く
いや それはちがう
あ 決めてくる話し方も嫌い
結論て!? は？
だから おまえは…
た…たくさん出てきたね
ニコォ…
てへ
では二階堂さんは
さっきの相談者の話に関心もっていた？

ドキ
そ…
それは…
彼女が怒り
出したのは
君がテクニカルな
話し方に注力
していたことを
見透かされたから
じゃない？
けど…
傾聴って
話を聞くテクニック
じゃないんですか？
傾聴は
心のやりとり
なんだよ
心のやりとり？
漢字で言えば
「聞く」と「聴く」
の違いだね
聞く
聴く
キュ
どういうこと
ですか？

たとえば「聞く」の場合は――
「聞く」の場合
今日は雨だね
うん
語り手
聴き手
これだとただ伝えたい情報を理解しただけ
けど「聴く」の場合は――
「聴く」の場合
今日は雨だね
出かけるのがおっくうだよね
そうなのよ荷物も重いので大変
語り手
聴き手
このように会話だけじゃなく
表情やしぐさなどから相手の伝えたいことを感じ取り相手に伝える
そうすると親近感が湧くはず
……
それでは実際傾聴するにはどうしたらいいのか？
それはズバリ共感するだ！
共感
たしかに西野さんにそこまではできていなかったです
反省。
心を傾けて話を聴くことが傾聴の第一歩だよ
はい

共感？
共感とは
話し手の言うことを正しい正しくないと判断せずに話を聞いて
あたかも自分が話し手になったかのように想像し 感じ その感情を味わうことだよ
正しい
正しくない
想像
話し手
ちょっと待ってください
正しい正しくないを判断しないいんですか？
ああ
正しさを証明したいという気持ちが人を遠ざける
けど…
人の話を素直に聴けない人は
どうしても「正しくなければならない」と考える
正しくない
正しくない
正しくない
普通そうじゃないですか？

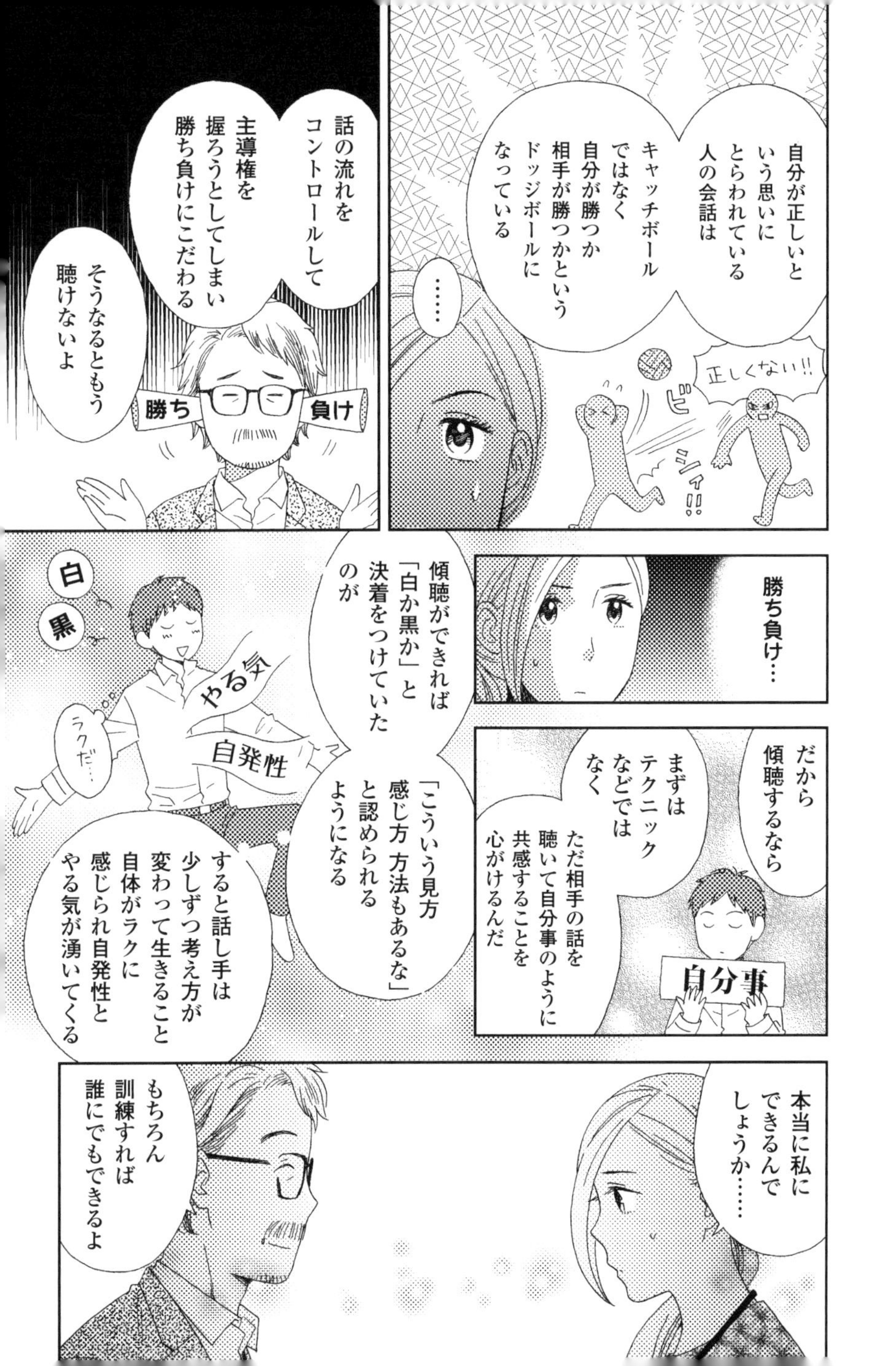
自分が正しいという思いにとらわれている人の会話は
キャッチボールではなく自分が勝つか相手が勝つかというドッジボールになっている
……
正しくない!!
ビ
シィ!!
話の流れをコントロールして
主導権を握ろうとしてしまい勝ち負けにこだわる
そうなるともう聴けないよ
勝ち
負け
勝ち負け…
傾聴ができれば「白か黒か」と決着をつけていたのが
「こういう見方 感じ方 方法もあるな」と認められるようになる
白
黒
やる気
自発性
ラクだ…
だから傾聴するなら
まずはテクニックなどではなく
ただ相手の話を聴いて自分事のように共感することを心がけるんだ
自分事
すると話し手は少しずつ考え方が変わって生きること自体がラクに感じられ自発性とやる気が湧いてくる
本当に私にできるんでしょうか……
もちろん訓練すれば誰にでもできるよ

あんまり自信がないです……
失敗を避けることが最大の失敗だ
さぁ変化を怖れずやってみよう!
は…はい!
よしもう1回やってみよう!
耳かたむけ課
どういったご用件でしょうか?

駅の喫煙所なんですが…
受動喫煙防止のために囲いをつくってもらえませんか?
もうもう
いつもあそこの前を通るときに臭くてたまらないんです
じゃあ他の道を使えばいいのに…
そもそもたった数秒通っただけで煙の匂いなんて付くのかな…
思い込みが激しい人なんだろうな…
営業スマイル
こらこら
決めつけず
自分の意見は横において話し手を理解しようとするんだ!
す…すみません
なるほど…
この人が話すことに関心をもたないと傾聴にならないんだった…
いいかい 傾聴は3段階で心に効くんだ
まず第1段階はこれ
聴き手
話し手
あの…
相手に関心を向ける
話し始める
そうだね
関心をもつことができてはじめて傾聴をすることができる
そして第2段階がこれ
聴き手
話し手
うんうん
言葉を聴く
話す

よし！
おはようございます
タバコくさい
タバコの匂いが付くと仕事先でも迷惑がかかってしまうんです
仕事先？
パティシエやっていて
匂いには敏感なんですよ
ああなるほど
その調子いいぞ！
話すときは相手のほうを向く
そして「はい」「うん、うん」「そうなんですね」「なるほど」などと豊かに反応しながら
はい
うんうん
そうなんですね
なるほど
大きくたくさんうなずく
それに他の道もゴミ出しのルールが守られていなくて
朝でも薄暗かったりして…
通りたくないんです
そうですか
そして最後のステップ
聴き手
話し手
相手の感情を理解する
気持ちがたかぶる

できたっ
ん？
もわっ
タバコ臭っ…
せっかくのスイーツの香りがタバコの臭いに邪魔されて台なし！
そうなんです!!わかってくれますか
もちろんです！

……
……
なんだか話したらスッキリしました
ちょっと面倒くさいけどこれからは自転車で行きます
え…
そうですか…
話を聞いてくれてありがとうございます!
スッキリ
失礼します
傾聴によって感情が吐露できれば冷静さを取り戻してくれる
怒っている人の怒りの下には自分が大切にされていないという思いがある
怒り
大切にされてない!
大切にされていることがわかると安心するんだ
なるほど
市長の言っていたことが少しわかった気がする

こちらで お願いします
げっ 西野さん……
げ… って何よ？
いや… い…以前は 失礼しました
本当よ
本日は どのような ご用件 でしょうか？
住民票を取りに 来たんだけど ネットで発行 できるようにして もらえない？
仕事している と平日に 市役所に来い って横暴よ
忙しいのに 市役所に 来るのは大変 なんですね
それに 市役所の人の 対応も悪いし
くど くど
あなた達の お給料は 私たちの 税金でしょ
もう少し 感謝して もらっても いいわよね
感謝の態度が ないと
だいたい アンタたちって
何を言っても その場限りの対応で 根本的なこと してくれないし
やる気が あるのかしら？
だいたい この前 だって…
ぼや…
あれ…

聴いて 聴いて
私の話を聴いてよっ!!
無条件の愛が人を育てるんだが
彼女はそれが欠如していたのかもしれない
無条件の愛?
無条件の愛とは自分のことをただありのまま受け入れ理解し 大切にしてくれる愛情のことだ
親からの愛情ってことですか?
親が自分のことを無条件で愛してくれていると実感して育った子どもほど情緒的に安定するもの
逆に無条件で愛してもらえていない子どもの心の中では憎しみの感情が癒やされることなくくすぶり続ける
すると大人になっても自尊感情が育たず周囲の人間との軋轢《あつれき》が深くなる
私の話を聴いて!
私のことを認めて!
私の味方になって!
人は無条件の愛を激しく求めるんだ

もしかしたら
西野さんも…
親から無条件に
愛してもらえなかった
のかもしれない…
辛いですね…
……
あなたみたいに
ちゃんと対応
してくれた人は
はじめてかも
今日は
もういいわ
ガタッ
フゥ
じゃあ
また来るね

あの西野さんが満足して帰った…
信じられん…
なっ生意気な…!!
上々のスタートじゃないか
あ…大次郎市長見てたんですか

傾聴って
すごいですね
もう少し
勉強して
みようかな
って思いました
グスン
ど…
どうしたん
ですか？
おわっ
大次郎市長って
はじめて呼んで
くれて嬉しくて
この人も
無条件に愛され
たいんだろうな……
耳かたむけ課
もー
そんなことで
泣かないで
ください
うん
グスッ

人間の心の衝動①

自己実現を求める衝動

01

4つの心の衝動とは

大次郎市長から「傾聴」のキーワードを聞いた二階堂さんは、さっそくネットで検索して「オウム返し」などのテクニックを知ります。テクニックを使うことに加えて、「はいはい、大丈夫です」「心配しなくて大丈夫ですよ」「それでいいんじゃないかな」といった気休めや保証を与えることが傾聴だと思っていたようです。その状態で、市役所内で密かに「クレーマー」と呼ばれる西野さんの話を傾聴しようとしたところ、残念ながら失敗してしまいました。

ところが、大次郎市長の教えを受けたあとでは、傾聴がうまくいっています。

では、何が違ったのでしょうか？　西野さんの気持ちにどんな変化があったのでしょう？

それを理解するために、ここではまず、人間の心理について学びましょう。

人間のもつ、とくに根源的で強烈な心理的衝動は、次の４つに分けることができます。

①自己実現を求める衝動
②無条件の愛情を求める衝動
③変化を恐れ現状維持を求める衝動
④表現を求める衝動

④の「表現を求める衝動」については25頁ですでに紹介していますから、このパートでは①～③について説明します。

⇩オリンピックで感動が生まれる理由とは

オリンピックは世界中の人々が注目します。多くの人々の関心をくぎ付けにし、多くの感動が生まれます。それはなぜでしょう？

それは、選手たちが「次はライバルに勝ちたい」「もっと美しい演技をしたい」「もっと強くなりたい」と必死でがんばっている姿がそこにあるからでしょう。スポーツ選手が必死でがんばる姿には、私たち誰もがもつ「自己実現を求める衝動」がとてもわかりやすい形で表れています。私たちが彼らを見るとき、そこに自分の中にある自己実現を求める衝動を見るから心が震え、感動するのです。もしも私たちに自己実現を求める衝動がなければ、スポーツ選手を見ても他人事としか思えないでしょう。

自己実現を求める衝動とは、「もっと成長したい」「もっと素晴らしい自分になりたい」と求める心の動きで、人間がもつ強烈な衝動です。この衝動はまた、「痛みを癒したい」「もっと楽しい人生にしたい」「もっと充実した人生を生きたい」「もっと苦しみを減らして喜びを増やしたい」「もっと自分らしく生きたい」といった強い願いにもなります。

たとえば、明けても暮れてもクラブ活動の野球に必死に打ち込んでいる少年がいるとします。もしその少年の親が「野球なんか続けて何になるの？　そんなことはいいから勉強しなさい」と野球をやめさせたとしたら、それは彼にとってすごく辛いことでしょう。なぜならそれは彼にとって、「もっと野球がうまくなる」という〝昨日の自分〟を超える自己実現のチャンスを失うことを意味するからです。また、彼にとって野球こそが努力の意味が感じられる対象であって、決して勉強ではないのです。その少年が野球をやめて勉強を強制されるとしたら耐えがたい苦痛を感じるであろうことはみなさんにも想像できるはずです。

私たち人間にとって、意味が感じられる成長のチャンスを失うのはものすごく辛いことです。自己実現を求める衝動はそれほど強烈なものなのです。

⇩自己実現には、失敗の可能性に直面することが必要

スポーツ大会でメダルを取ってガッツポーズをしている選手や、甲子園で試合に勝って歓喜の輪にいる高校球児たちは、強烈な自己実現の喜びを経験しています。ただし、このような自己実現の喜びを得るためには、失敗する可能性に直面し、失敗の恐怖を乗り越えて挑戦することが必要です。失敗する危険がないことに成功したとしても、自己実現の喜びは感じられません。

たとえばあなたは今朝、「起床すること」に成功しました。「服を着替えること」に成功し、「食事を摂ること」にも成功したでしょう。しかし強烈な自己実現の喜びのあまり、「やったー！」と天にコブシを突き上げて歓喜に浸るといったことはなかったでしょう。なぜならそれらは、もともと失敗するとは思っていないものが単にできたにすぎないからです。それを人は成功だとは感じられないのです。

たとえば先ほど登場した野球少年は、自己実現に必死で取り組めば取り組むほど、失敗の危険に直面します。試合で補欠になったり、やっと試合に出られたと思ったらエラーをしたり、チャンスで打順が回ってきたのに凡打でみんなを落胆させたり、先輩・後輩の人間関係でもめたりもするかもしれません。

一方で、この野球少年とは対照的な生徒がいるとします。彼は勉強をがんばるわけではなく、クラブ活動にも入らず、打ち込めることも目標もなく、学校が終わったら家に帰ってダラダラとテレビを見たりゲームをしたりして過ごしています。彼が何かに失敗することはめったにありません。チャレンジしないからです。

ですが、失敗がないからといって、何にも挑戦することのない生徒が、クラブ活動に打ち込んで失敗や挫折を繰り返しながら生きている生徒よりも幸せだと言えるでしょうか？

そうではないでしょう。

クラブ活動だろうが勉強だろうが打ち込むものを持っている生徒のほうが充実して幸せに生きているものなのです。

「自己実現したい」という思いは何も特別な人だけのものではありません。じつはすべての人の心の中に、「自己実現したい」という強烈な願いがあります。ですから、せいいっぱいの自己実現をしながら生きていないと、胸に深い空虚感と悲しみを抱え続けることになります。人生の意味を見い出せず、人生が退屈でつまらなく感じられます。多くの人々が、胸に抱えるその空虚感、悲しみ、退屈感をマヒさせようとして、ワイワイ騒いだり、アルコールやギャンブル、刹那的なエンターテイメントなどに依存したりしています。

心の成長力と自己治癒力

受精卵は細胞分裂を繰り返してどんどん成長し、生まれた胎児はやがて大人になります。それと同時に、私たちの体には、不調を治し、傷を癒す働きがあります。その働きは自己治癒力と呼ばれます。

このような身体的な成長力と自己治癒力は、私たちの心にもあります。私たちは、「もっと成長しよう」「もっと自分らしさを輝かせて生きよう」という強い願いと、「心の痛みや傷を治そう」「苦しみの原因を根本から解決して、もっとよい人生にしよう」とする心の働きがあります。それら心理的な成長力と自己治癒力は、自己実現を求める衝動が形を変えて表れたものです。

自己実現の衝動とは

もっと
成長したい！
心の痛みや
傷を治そう
もっと楽しい
人生にしたい！
もっと自分らしく
生きたい！

人間の心の衝動②

無条件の愛を求める衝動

02

⇩親の無条件の愛

私たちは誰もが、無条件に大切に思われること、愛されることを求めています。子どもの場合は、特に、親から無条件に愛されることを強烈に求めています。

親の無条件の愛とは、言葉にすれば、次のようなメッセージになるでしょう。

「私にはあなたが世界でいちばん大切で、あなたをいちばん愛している。なぜなら、あなたは私の子どもだから」。

ではここで、あなたもよくご存じの昔話「桃太郎」を題材に、親の愛情について少し考えてみましょう。

この物語は、単なる冒険譚としてだけなく、親の愛情のもとで子どもが心の強さを得て自己実現していく過程を描いた物語としても読むことができます。

成長した桃太郎はある日、鬼を退治するために鬼が島に行くと言い出します。

私たちは、桃太郎のように自分の得意なことを通して世界に貢献したいものなのです。そうしてこそ生きる意味が感じられるし、自己価値観が高まるからです。

そこでおばあさんはきび団子をつくって桃太郎に持たせます。おばあさんのきび団子は「百人力」。つまり、親の愛は子どもに強さを与えます。そしてさらに、桃太郎はきび団子のおかげでイヌ、サル、キジ、という家来を得ます。それはつまり、子どもは親の愛情を心に抱いて人生を歩みながら、これらの動物に象徴される力を獲得し、自分の中に豊かに育てて試練に立ち向う、ということでしょう。桃太郎は最後には、力のおかげで試練を通して成長し、目的を達成して人々に貢献します。

親の無条件の愛が感じられないとどうなるのか

このように、子どもは親の無条件の愛を求めるし、子どもにとってそれはとても心強く感じられます。**しかし実際には完璧な親などいません。完璧な子育てもあり得ません。**ですから私たちは程度の差はあれど、誰だって、子どものころに「お父さん・お母さんはぼくを無条件には愛していない」とか、「〝いい子〟にしているときにはお父さん、お母さんはぼくを認めるけど、そうじゃないときにはぼくを認めてくれない」というような思いを抱いて育ったはずです。そんなとき、誰でもとても寂しく不安になりますし、また、そんな思いをさせた親に対して腹も立ったはずです。ただし、私たちの心には感じると辛すぎる感情は感じないよう自動的に抑えつけてマヒさせる働きがあります。ですから、そのころに感じた孤独感、不安、怒りは自分でもわからないうちに心の奥に抑えつけられ、普段は感じることなく過ごしています。

ところが、感情は抑え込んだりマヒさせたりしたからといって、なくなるものではありません。抑え込まれた感情は心の奥にあって、私たちの感情や行動に大きな影響を及ぼしています。そして、子どものころからの寂しさ、不安、怒りを心に強く抱えて育った人ほど、大人になってからも、その寂しさ、不安、怒りがさまざまなきっかけで心の底から湧き上がってきます。その心の動きが激しい人ほど、非現実的に強い孤独感や怒りを感じたり、人からの関心やケアを過剰に求めたりします。そのため、人間関係の問題が多くなります。

その極端な例が45頁で登場した西野さんです。西野さんが市役所に対して「ああしてくれ、こうしてくれ」と求めているのは、本当は愛情欲求なのです。そして彼女の愛情欲求が過剰に激しいのは、幼少期に親から無条件に愛された実感に乏しく、そのことから来る慢性的な寂しさや苦悩が強いからでしょう。ですから西野さんの要求は、いくら与えても「もっと、もっと」と幼児が親に求め続けるように、際限がありません。

もっとも、ここでお伝えしている西野さんの心の動きは、彼女自身もほとんど気がついていないことでしょう。また、このような心の動きは誰にでも多少はあるもので、それを癒すには、本人が心理カウンセラー等の援助を求めて解決に取り組むことが必要です。

ちょっと!
あなた
ふざけてるの!?
ガッ

愛情不足は形を変えて湧き上がってくる
お父さんも
お母さんも
認めてくれない
抑え込んだ感情はなくなったわけではない。
気づかないうちに、なんらかの形で表面に湧き上がってくる。

人間の心の衝動③

変化を恐れ現状維持を求める衝動

03

不幸な人ほど変化を嫌う

私たち誰もがもつ強く根源的な衝動の3つめは、**変化を恐れ現状維持を求める衝動です**。それは、「今のやり方・今あるものを手放したくない」「成長よりも、変化しないいことの安全性を優先させずにいられない」「変化が怖くて今のやり方にしがみつかざるを得ない」というあり方です。人は、親からの無条件で安定した愛情を充分に実感できずに育つほど、深く強烈な孤独感、心細さ、不安、恐怖、自信のなさを抱えたまま人生の道を歩いて行くことになり、生きることが不安で苦しいものになります。ですから、そのような人は、自己実現を求めて失敗の危険に直面し人生のフィールドに積極的に出ていくよりも、これ以上傷付かないこと、安全な場所にしがみつくことを優先せずにはいられなくなります。

それゆえ、**不幸な人ほど変化と成長を怖れます**。自分の可能性を伸ばしながらイキイキと充実して幸せに生きている人ほど、さらなる成長を求めて変化のために積極的に取り組むものですが、不幸で不満足な人生を過ごしている人のほうが、今までのパターンをやめて新しい行動や考え方に変えることに強く抵抗するものです。すでに不安と心の痛みでいっぱいなので、さらに失敗する可能性が耐え難いほど怖く感じられるからです。

ちょっと考えてみると、なんだかそれは逆であるべきのようにも思えますよね？

なぜなら、幸せに生きているのなら同じやり方を続けるべきだし、不幸なら、「そんな人生はイヤだ」と生き方を変えたくなるはずだからです。しかし、実際は逆なのです。不幸な人ほど、「変化したくない」と現状維持を求める衝動を優先させて生きていますし、そうして生きるほど、自己実現を求める衝動を満たすことができませんから、生きる意味も充実感も感じられません。

ここまで、私たち人間のもつ強烈な心の衝動をそれぞれお伝えしました。ここからは、それが傾聴の本質にどう関わっているのかをお伝えします。

傾聴で大切な「共感」とは

04

心の自己治癒力を高める傾聴のポイントとは

心が健康であるためには、感情を抑圧したりマヒさせたりせず、ありのままに感じられることが必要です。自己実現を求める衝動の表れの1つが心の自己治癒力であることは先にお伝えしましたが、その自己治癒力の働きによって、私たちは泣いたり笑ったり話したりして感情を感じ、表現し、解放したくなります。心に負担を感じたり心が傷付いたりしたときにも、その重荷や辛い思いを表現することによって、心は自己治癒力の働きで少しずつ癒されてゆきます。

この**心の自己治癒力が発揮されるためには、私たちの基本的な衝動である、無条件の愛を求める衝動と表現を求める衝動が満たされる人間関係が大切です。**それを提供するのが傾聴です。

私たちは自分の思いを話したとき、「聴き手は私のことを私の身になってわかってくれているし、ありのままの私を無条件に受け入れてくれている」と実感するにつれ、自己表現を求める衝動が湧き上がり、自分の思いをもっと伝えたくなります。そうして伝えたことをいっそう深く共感的にわかってもらえるとき、心の自己治癒力が働き出し、心が少しずつ健康になってゆきます。

そして、そんな**傾聴をするために欠かせないポイントが「共感」と「受容」です。**その2つについて詳しくお伝えします。

共感とはどんなものか？

傾聴するときに大切なことは、話し手の思いやわかってほしいことを、あたかも自分のことのようにありあり、ひしひしと想像して感じながら聴くことです。これが傾聴における「共感」です。それができていればいるほど、話し手は自分のことがわかってもらえるので、表現したい衝動がもっと湧いてきて、正直な思いをさらに話していくことができるのです。

反対に、聴き手が話し手の気持ちを理解することなく漫然と聞いていたり、表層的に聞いていたり、形式的にオウム返しをしながら聞いているだけだと、話し手にはそれが何となく伝わります。ですから聴き手を信頼できませんし、正直な気持ちや思いを自由に話すことができず、対話は深まりません。

二階堂さんが最初に西野さんの話を傾聴しようとしたときがまさにそうでした。テクニックを使えば万事解決すると考えていましたから、西野さんの気持ちをできるだけ彼女の身になってありありと想像して感じるということはなく、単にテクニックを使って応対しようとしました。残念ながらそれでは傾聴にならず、かえって西野さんは怒り出したのです。

⇩相手にレッテルを貼らない

また、二階堂さんが失敗したもう1つの原因は、西野さんについて「クレーマー」というレッテルを貼って応対したことです。

私たち誰もが、自分独自のものの見方・感じ方をもっています。ですから二階堂さんが行ったように、西野さんのことを二階堂さん自身の見方で見るのはごく自然なことです。

しかし傾聴するときには、話し手についての印象は横に置き、とにかく話し手の考えや感情をなるべく話し手の身になってひしひし、ありあり理解しようとすることが大切です。それは、聴き手が話し手のことを外側から見て「ヘンな人」「几帳面な人」「いい人・悪い人」といったレッテルを貼ることとは正反対のことです。

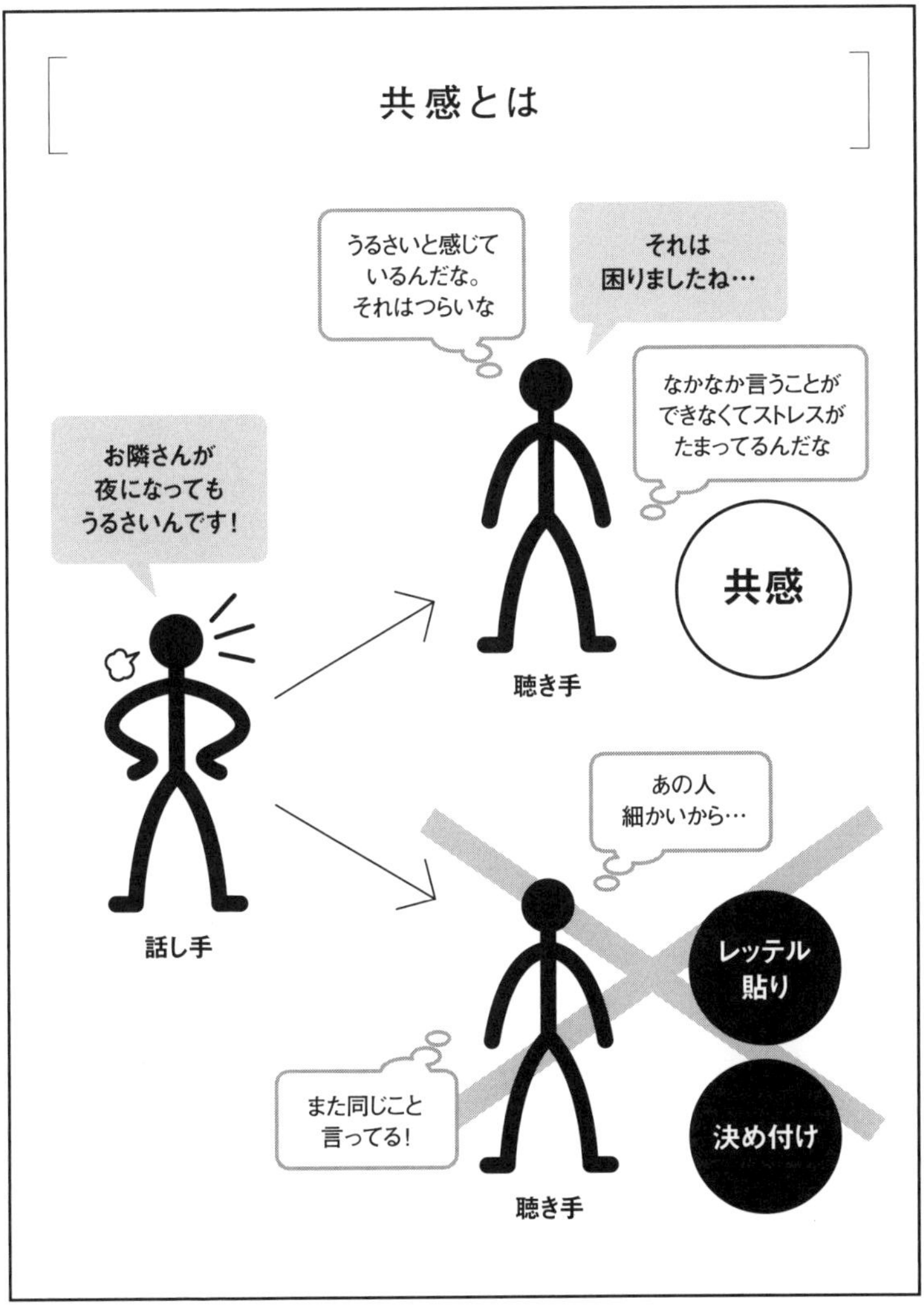
共感とは
うるさいと感じているんだな。それはつらいな
それは困りましたね…
なかなか言うことができなくてストレスがたまってるんだな
お隣さんが夜になってもうるさいんです！
共感
聴き手
話し手
あの人細かいから…
レッテル貼り
また同じこと言ってる！
決め付け
聴き手

05 傾聴で大切な「受容」とは

⇩自分の心にある縛りから自由になることが大切

人がもつ本来の自分らしさ、しなやかさ、たくましさが輝き出すためには、自分の心に正直でいることが大切です。ですが実際のところ、私たちは誰でも程度の差はあれ、「こうでなければならない」「こんなことを思ってはいけない」などの観念によって自分自身を縛り、不自由になっています。観念とはたとえば、「人を大切にしなければならない」「怒ったり泣いたりするのはみっともない」「おしとやかでなければならない」「勤勉でなければならない」「勤勉すぎるのはよくない。遊びも知っている人間でなければつまらない」など、多くの人々が「正しい」と見なす建前のことです。

自分自身をそのようにして縛っている人ほど、他人についても同様に「ああじゃなければいけない」「こうじゃないとだめ」と裁き、縛っているものです。**私たちは自分の心にあるそんな縛りから自由になればなるほど、ラクになり、生き生きして自分らしさが輝き出します。**

⇩傾聴の根底にある人間への信頼とは

私たちが自らの心の縛りから解放されると、「人を大切にしなければならない」から親切にするのではなく、人を思いやる気持ちが自然と湧いてきます。また、「努力することが立派なこと」だから努力するのではなく、もっと上達したいから、自分が立てた目標を達成したいから、努力をします。そうしているときには、努力することに意味を感じます。「遊びもできないと人間としてつまらない」から遊ぶのではなく、楽しいことが好きだから遊ぶし、休息が必要なときは休みたくなるので、その自然な欲求にしたがって休みます。

私たちは本来の自然な自分になれば、調和を好み、人と仲よくなりたいと願い、自分の可能性を伸ばしたくなります。このように、**傾聴の根底には、人間の本質への信頼があります。**この信頼がなければ、「他人を、自分が思うよい方向へ変えなければならない」と思いますから、相手の話を落ち着いて聴き、相手を受け入れることはできません。

⇩心は傷付きや抑圧によって歪む

先ほど、傾聴という営みの根底には人間の本質への信頼があるとお伝えしました。ところが実際に私たちの周りを見回してみると、人が人を傷付けたり、人を攻撃したり、心の壁をつくったり、怠惰だったりといった例があふれています。ですが、それらは私たちの本来の姿ではなく、抑えつけられたり、縛られたり、心に痛みを負ったりしていることが原因で引き起こされたことなのです。

そして、**私たちがさまざまな「べき」「～じゃなければならない」というような縛りから自由になり、より生き生きと自分らしく生きられるようになるためには、今のまま、ありのままの自分をそのまま無条件に尊重され受け入れられることが大切です。**

たとえば、私たちの心の中にある、自分や他人を責めたりおとしめたりする自分、怠惰な自分、冷酷な自分、そして嘘をつく自分……。そんな自分のことを正直に話しても、聴き手から「変えよう」とか「直そう」などとされることなく、そのまま、ありのままで理解され、受け入れられ、そんな自分を無条件で尊重されたとします。そのとき私たちはだんだんと自分に素直になります。そしてもっと本音を話したくなります。そして本音を語っていくにつれて、心に少しずつ変化が生まれ、協調的で成長への意欲に満ちた自分が徐々に現れ始めます。

受容とは好意的に評価することではない

ここで、よく誤解されることがらについてお伝えします。

多くの人が、「受容」というといかにも優しそうで温かそうな言葉を見聞きすると、「あなたはよくがんばっています」とか「あなたは素晴らしい人です」と話し手をほめたりよい評価を伝えたりすることだと誤解します。

しかしそれは違います。ほめるということは聴き手の価値判断が入っており、聴き手が話し手に「あなたが言ったこと、したことは私の価値基準に合うことですから、あなたを認めます」と伝えていることです。それは受容とは正反対のあり方です。

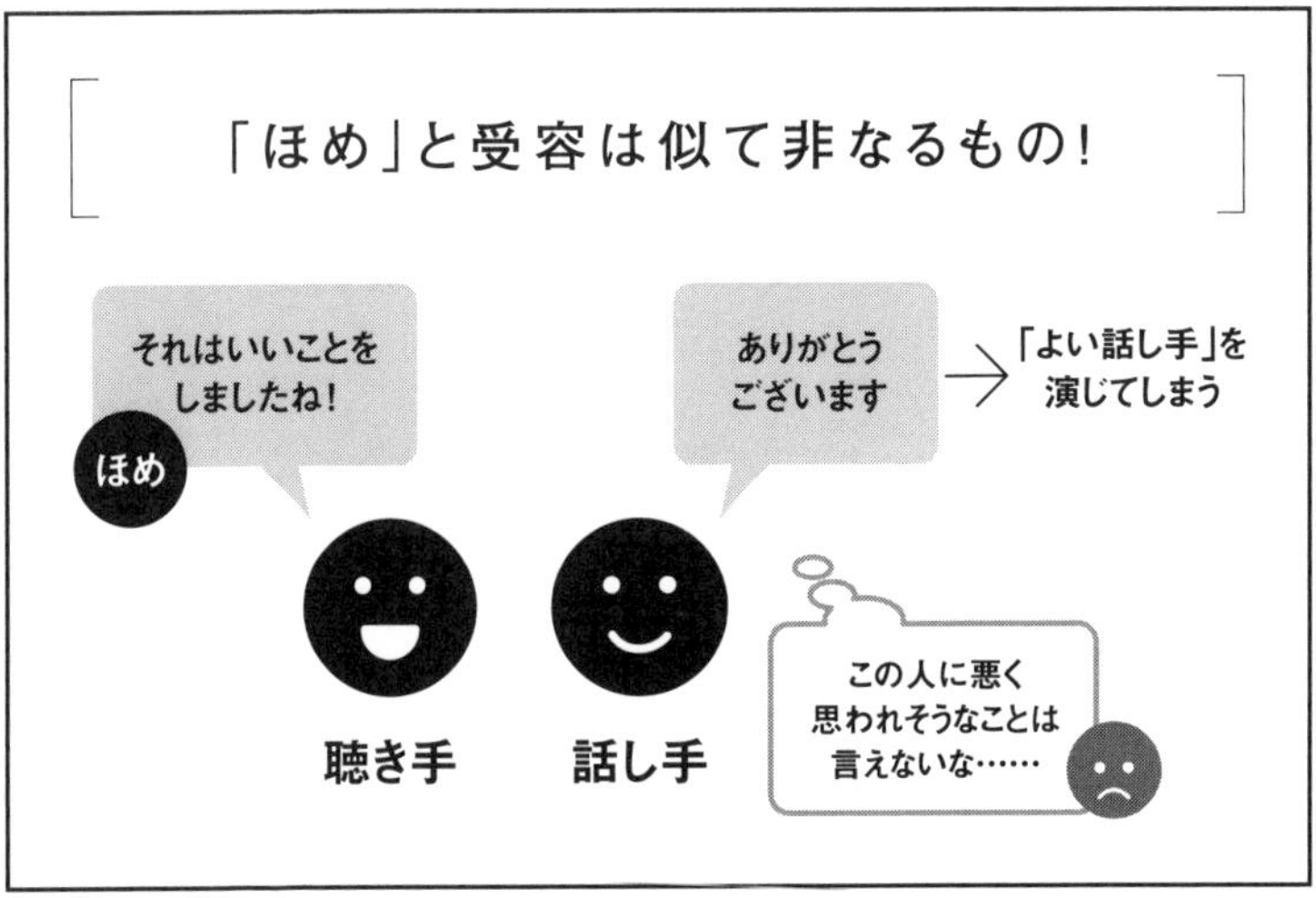
「ほめ」と受容は似て非なるもの!
それはいいことをしましたね!
ほめ
ありがとうございます
「よい話し手」を演じてしまう
聴き手
話し手
この人に悪く思われそうなことは言えないな……

なぜなら、何かをしてほめられるということは、そうしなければ批判される可能性が生まれるからです。

そんな人間関係では、話し手は真に安全だとは感じられません。ですから「よい話し手」を演じ、本音を話すことができず聴き手が喜びそうなことを話すようになります。それでは話し手の心には変化は起きません。

傾聴の対話においては、話し手が「聴き手から非難されることもなければほめられることもない、よく評価されることもなければ悪く評価されることもない。外側から見てジャッジされることはない。何を感じ、何を話しても、自分のことを親身になって理解し受け入れてくれる」と感じられる安全さが必須です。とは言え、話し手が１００％そう感じられることは実際にはありません。しかし話し手がその感覚をより確かなものとして感じることができればできるほど、その人間関係は安全なものになり、話し手はありのままの自分の本音をより素直に話すことができ、自分が本当に感じていることをより率直に感じられるようになり、心が自由になっていきます。

⇩話し手のことがどうしても「おかしい」と思えるとき

私たちは誰でも、自分の過去の経験や、そこから得た見方、考え方、価値観に沿って行動します。ですから、当然、自分の行動や考え方は自分にとってつじつまの合う、〝もっとも〟なものなのです。それは他の人にとっても同様です。したがって、他人の行動や考え方について「変なことを言う」「あの人の考え方はおかしい」「あの人の行動はなっていない」などと思うのは、あなたがその相手にとって重要なことをわかっていないからなのです。もしもそれがわかれば、話し手の考え方や行動について「なるほど、だったらそう思うよな」「そっか、だからそうするのか」と合点がいくものです。

その例が、二階堂さんが対応したパティシエ（洋菓子職人）の女性とのやりとりです。その若い女性は、人がタバコを吸っている空間を歩くのをとても嫌がっていました。それを聞いた二階堂さんは、はじめは「じゃあ他の道を使えばいいの

駅の喫煙所なんですが…
受動喫煙防止のために囲いをつくってもらえませんか？
もうもう
いつもあそこの前を通るときに臭くてたまらないんです
じゃあ他の道を使えばいいのに…
そもそもたった数秒通っただけで煙の匂いなんて付くのかな…
思い込みが激しい人なんだろうな…
こらこら
営業
相談者の主張になかなか親身になれない二階堂さん。

に……」と思います。しかしその考えは横に置いてさらにその女性の話を聴くうち、彼女がパティシエであることを知り、さらにはタバコの匂いが髪などに付くと仕事に差し支える、という事情がわかりました。するとタバコによってお菓子の匂いがわからなくなることを嫌がる彼女の思いについて、「なるほど」と理解できました。

傾聴しているときに、話し手の話す内容について批判的な思いが湧いたり、間違っているように感じたり、話し手の行動や考えや感情を変えたくなったりするのは、話し手の何か大切なことがわかっていないのが原因ですから、そういうときには、「まだ理解できていないこと」を理解しようと努めることが大切です。

もちろん、それは、「言うは易《やす》く行うは難《かた》し」の典型ですよね。

いつも完璧にできるわけではありませんが、努力目標として心に留めてください。

Part 2

傾聴の基本

Story 2
共感したつもりが「クレーマー」に!?
京長市役所
耳かたむけ課
うんうん
へぇ そうなんですか
なんてことがあるのよ
困ったものよね
忙しいのにありがとね
いえいえ
またねー
また何かあったらいつでも相談に来てください
そうですね
しかも!
ちら
ふぅ
今日はこれで終わりかな
トントン

西野さん完全に二階堂さんのファンになってますね
ぴょこっ
耳かたむけ課
東《ひがし》野《の》
え？ファン？
そんなことないでしょ
だって前まではイライラしながらいつも怒鳴ったけど
ニコ
ニコ
二階堂さんと話をするようになってからは
ニコニコしてるじゃないですか
確かに…最近は怒鳴ることなくなったかも
Before
二階堂さん聴き上手ですよね
なァ
え…ホント？
嬉しいな
ニマッ
何かコツはあるんですか？
ん～傾聴かな
傾聴？なんですかそれ？

傾聴っていうのはね…
二階堂さん市長が呼んでるよ
え…
市長の呼び出しってろくなことないんだよなぁ…
ひどい…
ちょっとごめんね
市長室
ガチャ
失礼しま…
バァーン
!?

大次郎市長
何やって
るんですか…
京長市キャラクター
京長ザル
二階堂くん
見てくれ！
京長市の
キャラクターの
着ぐるみを
つくったんだ
可愛いだろ～！
はぁ…
そうですね
ご用件は
なんで
しょうか？
風船をつくって
くれないか？
キリッ
どさっ
え…
風船ですか？
業務用
ヘリウムガス
業務用
ヘリウムガス
着ぐるみだと
うまくつくれ
ないんだ
だったら
脱げば
いいのに…

けど どうして風船なんて…？
子どもたちが親に連れられて市役所に来たときにプレゼントしようと思ってね
え…
そういうのって… なんていうか…
予算の無駄使い …だったりしませんか？
無駄じゃないよ
せっかく市役所に来てくれたんだよ
風船をきっかけに子どもたちと話すチャンスができるじゃないか！
子どもたちと話す？
市長は市民が快適に暮らせる街づくりが仕事だろ
だったら大人だけじゃなくて
子どもたちの意見を聴いて街づくりに反映しないと本当のいい街にならない
…だから その着ぐるみ？

その通り！
傾聴は人と人をつなぐコミュニケーションなんだ
互いに理解を深めて共通の感覚をもち共有世界を構築することができる
私はなるべく多くの市民の話を聴いて共有世界をつくりたいと思っている
人指し指が立てられない
だから目安箱も…
うんせっこらせっ
目安箱
大次郎市長わかりました
風船づくり手伝います！
ありがとうよろしく頼むよ！
ただその着ぐるみは脱いだほうがいいと思います
え…

ジャッ
フンフン フ～ン♪
じょわっ
さすが大次郎市長ね 見直しちゃった
♪～
ママ なんだか機嫌が いいね
そう?
最近仕事が 楽しくて～♪
へぇ よかったね
花と雪の女王
ぼすっ
どすっ
愛菜《まな》?

ムスッ
……
傾聴の技術を使って話を聴いてあげよう
どうかしたの？
……
今度学芸会あるでしょ？
ええ
学芸会のお知らせ
○月×日10時～
1年生
2年生
3年生
4年生
5年生
6年生
先生ズルいんだよ
うんうん
学芸会でね先生のお気に入りの子ばかりいい役をもらってるんだよ
お姫さまは田中さん
わーい
納得いかないよ

そうなんだ
主役やりたいから一生懸命セリフを覚えたのに
……
……
まだねないの？
そうだったわね
セリフもちゃんと全部覚えたのに
誰よりも上手にできる自信あったのに…
どうして私が木の役なの？
え…
あんなにがんばったのに…木の役…？
おかしいよね！
あんなに練習したのに先生のお気に入りの子ばっかりがいい役なんだよ
ずるいよ
そ…そっか
ボフッ
もう学芸会出たくない…
……

王子様はどこにいるの
私はもう待てないわ
ハァ
ハァ
パタン
台本
絶対に私が主役になるんだ
主人公のお姫様は…
それじゃあ配役を発表するぞ
ドキドキ
ドキ
ドキドキドキ

三上
え…
わぁい嬉しい!!
先生ありがとう大好き
おいおい何言ってるんだ
木の役は山本
え…
私が…
あんなにがんばったのに…
ぽかん…
木の役…
どうして…
キャッキャッ
ずるいよ…
モヤモヤ…

もう嫌だ…
なんか　モヤモヤするわね
気になるから　電話して先生に　聞いてみるわ
え…ちょ…　ちょっと　待ってよ！
そこまで　しなくていいよっ
クレームなんて　やめてよ!!
モンスター　ペアレント　みたいじゃ　ない!!
いいから　話を聞くだけよ
何言ってるのよ　クレームじゃ　ないわよ
先生の考えを　聞きたいだけ　だから

お願いだから
やめて…！
いいから
任せなさい
愛菜《まな》がこんなにも
辛い想いを
してるのに…
じわ…
やだって…
ガチャ
ただいま
パパ！
ママを止めて
学校に電話
するって言うのっ
いいから
私に任せなさい
ピポパ
え？

お願い止めて…！
ちょ…ちょっと どうしたの
とりあえず一度電話をおきなさい
ぐすっ ぐすっ
もう少し冷静に受け止めてみなよ
愛菜はいつも先生のこと楽しそうに話すだろ
苦情を言ってほしいわけじゃないんだよ
カチャ
苦情なんて言うつもりじゃないって…
そもそも学校に電話するって時間じゃないだろ…
あ…

キィ
とにかくもういいから
ぐすん
パタン
翌日
シュー
…なんてことがあったんです…
シュー…
私は苦情なんて言うつもりじゃなかったのに
なるほど…

傾聴が どうして失敗 したんでしょう…
私の何が 悪かったん でしょうか?
それは「同感」かも しれないね
え…
共感と 同感は 違うんだよ
ど… どういう ことですか?
あなたは娘さんに 共感をしようと したんだよね
は…はい もちろん
共感の 難しいところは 境界線なんだ
境界線
境界線?

相手の話を
聴いているうちに
いつの間にか
相手の感情に
飲み込まれて
しまうことがある
怒!!
ムカつく!!
うん!
ムカつく!!
の…
飲み込まれる…
同感と共感と
どう違うん
ですか?
たとえば
不幸な話を
聴いていると
自分自身も
悲しくなり
涙が止まらなく
なることって
あるよね
ええ…
うう…
それは
相手の痛みが
自分の痛みに
重なって
自分自身の心も
一緒に傷付き
痛みを感じて
しまうからなんだ
グスッ
相手の痛み
自分の痛み

こうなってしまうと相手はどんなに話を聴いてもらっても気持ちを切り替えて前に進むのが難しくなる
なるほど…
おそらく君自身も気がつかないうちに怒りの感情が根っこに芽生えたのかもしれない
もしかしたら自分も過去同じような体験をしていたとか…
！
モヤ…

先生
どうして
その子だけ…
私のことも
かまってよ…
ずるいよ…
忘れていた
あのときの体験が
まだ心の底に
残っていた
なんて……
共感は同感と
似て非なるもの
なんだ
共感
同感

それじゃあ私は…
娘に同感していたんだ…
共感するときには自分の感情や意見は横に置かなければいけないからね
感情や意見
そうですね
さらに言えば
同情
共感
同情と共感を勘違いしてしまうこともあるから気をつけて
以後気をつけます
え…どう違うんですか?
長市全図
共感の底にあるのは
話し手の気持ちを同じ人間として理解しようとする態度のことだね
共感
理解
はい

一方 同情の底には
相手のことを
自分よりも弱い存在
だと見下す態度の
ことなんだ
同情
見下し
え…
見下す態度
なんですか？
本人はその気が
ないかもしれないが
同情とは
そういうもの
なんだよ
同情
見下し
そんなこと…
たとえば
ゲームをしていて
対戦相手があまりに
弱かった場合
同情してわざと
負けてあげる
そんなこと
よくあるよね
負けちゃった！
勝った♡
は…
はい…

その時
相手を対等に
見ているかい？
……見下して
いるかも
しれません
傾聴するときは
決して同感も
同情もせずに
話し手の気持ちを
あたかも自分自身の
ものであるかのよう
に感じ取ることを
心がける
同情
同感
それこそが
共感なんだ
傾聴って
奥が
深いんですね
二階堂さん
キリッ
はいっ
風船 もう
いいかな
ぎゃ

その日の夜
じゃん!!
ふたりとも ご飯よ～!
わぁ! どうしたんだ
私の大好きな料理ばっかり
愛菜《まな》 昨日はごめんね
ママもね
子どもの頃 すごくえこひいきする先生がいて とっても悲しい思いをしたの
だから愛菜の先生にも腹が立っちゃったんだ
もうしない?
じろ

約束する!
じゃあ…
愛菜もぷんぷんするのやめた!
よし!じゃあ食べようか
うん!お腹すいちゃった
木の役の練習も疲れるんだからね
えー
立ってるだけじゃない
立ち方にも色々あるんだからね
ひどーい!!!
あはははは
学芸会
…なんてステキな木なのおおお
うっうっ…
いや…感情移入しすぎっ

技術の前に大切な「人としてのあり方」

01

⇩そのままの話し手を受け入れる

大次郎市長が何やらまた新しいことを始めたようですね。

着ぐるみ姿でその趣旨を説明する大次郎市長（97頁）は、二階堂さんに「傾聴は人と人をつなぐコミュニケーションなんだ」と語っていますが、これは、私からのメッセージでもあります。

心理カウンセラーとして、日本国内だけでなく、米国とニュージーランドでも多くの人々の心の支援をしてきた経験から、深い心の思いを語れば、文化や人種が違っても人の願いや喜び、傷付き、怒りの本質は同じだと実感したのです。

傾聴の本質は、話し手のことをなるべく話し手の身になって理解するとともに、そのありのままの話し手を受け入れることです。そこに文化や人種の違いは関係ありません。

そして、さらに重要なのが、傾聴しようとするときには、**テクニックが上手に使えるかどうか以上に、私たちの人としてのあり方が問われるということです。**

誰もが傾聴の本質である「話し手の身になって理解し、話し手を受け入れる」ことが、いつも完璧にできるわけではありません。でもそれが傾聴にあたっての努力目標です。そして傾聴しようとすればするほど、人としての成長が促されます。

⇩聴き手の問題で相手を受け入れられないケース

親子関係においても、傾聴は互いの思いをわかり合うために役立ちます。

ストーリーでは二階堂さんが娘さんの話を傾聴しようとしていましたね。ところが傾聴できず感情的に巻き込まれてしまいました。**傾聴において、聴き手自身のさまざまな未解決の心の痛みや葛藤が原因になって、相手を理解し受け入れるのが難しくなることがよくあります。**そのことについて詳しく考えていきましょう。

二階堂さんは、娘さんの怒りと傷付きに反応して、担任の先生に電話をする、と言い出しました（103頁）。彼女は「クレームじゃないわよ、先生の考えを聞きたいだけだから」と言っていますが、娘さんには、明らかに二階堂さんが先生に腹を立てていて先生を直接的または間接的に責めようとしている様子が伝わっています。

二階堂さんは、本当は娘さんの担任の先生に腹が立って文句を言いたかったのですが、その思いにウソをついて「苦情なんて言うつもりじゃないって……」と言い張ったのです。

ただし、ここでの「ウソ」はあくまでも**「無意識のウソ」**です。つまり、二階堂さん自身もウソをついているつもりはないのです。二階堂さんは、「親が子どもの担任に腹を立てて苦情を言うなんて、よくないことだ」という信念があったために、苦情を言うために電話しようとしながらも、「私はそうじゃない」と言い張ったのです。

さて、これは二階堂さんだけに限った話でしょうか？　そうではありませんね。きっとあなたの身の回り、ひょっとしたら、あなた自身にも思い当たることがあるかもしれません。

無意識のウソの例。本当はクレームを言いたいのだが、それもよくないとわかっているために、「苦情を言うために電話しようとしていること」を認めない。

というのも、私たちは、そのような「〜べき」「〜してはならない」「〜しなければならない」といった強い心の縛りがあればあるほど、それに合わない考えや感情を抱いたとき、そんな考えや感情があること自体を否定してしまうからです。人は「〜べき」や「〜してはならない」といった縛りがあっても、実際は、「やってはならない」「悪い」とされる感情や考えを抱くものです。ところが、そんな感情や考えがあることを認めようとしません。それが「無意識のウソ」です。

たとえば、怒りの感情に対して怖れや罪悪感のある人は、腹が立ったときに、自分が腹を立てているということすらわからないことがあります。そんなとき誰かから、「そんなに怒らないでください」とか「感情的にならず冷静になってください」と言われたら、「怒ってなんかいませんっ！」と怒りを否定します。周囲の人には、本人が怒っていることは明らかなのですが、本人だけは、自分は怒っていないと本当に思っているのです。

娘さんから、「先生がズルい」と聞かされたときの二階堂さんにも、同じような心の動きがあったのでしょう。だから、二階堂さんがいくら「苦情なんて言うつもりじゃないって…」と言い張ろうが、二階堂さんが担任の先生に対して腹を立てていることは娘さんとご主人には明らかだったのです。

⇩否定された感情は奥に潜み、歪んで放出される

否定され抑圧されたものはなくなるわけではなく、奥に潜み、歪んで放出されます。たとえば性に対して否定的な態度と抑圧の強い文化ほど、レイプが発生し、性に関連して傷付いたり苦しんだりする人が増え、売春やポルノが隠れて流行します。感情も同じで、怒りを否定しても怒り自体がなくなるわけではなく、本人も気がつかないうちに心の奥に潜み、歪んで放出されます。怒りの爆発はその一例です。またリストカットや摂食障害においても、自分自身を攻撃するという歪んだ形で怒りが表現されています。さらに、抑圧された感情が体の不調として表れることもよくあります。抑圧された感情は自分や他人を傷付けてしまうのです。

抑圧された感情はまた、傾聴をさまたげます。そのことについても後ほど詳しく見ていきましょう。

傾聴の姿勢

02

自分の体を感じながら聴く

傾聴するときには、体を緩めてリラックスするとともに、話し手に注意を向けながらも、注意の十分の一ぐらいは自分の体に向けます。つまり、体を感じるのです。そうすると、対話の空間に落ち着きが生まれます。体にほんの少し注意を向けて体を感じながら、口からふーっと細く長く息を吐き、体をゆったりさせて聴くよう心がけましょう。

「体を感じる」とは、話を聴きながら自分の中に起きてくる感情や感覚などを感じることでもあります。そうしながら話を聴くほど、傾聴の対話がより受容的なものになります。

話し手が沈黙したときにも、聴き手はゆったり口から息を吐きながら体を緩めていることが大切です。

03 傾聴のテクニック①
応答

これまでお伝えした通り、傾聴で大切なのは話し手のありのままを尊重し、あたかも自分のことのように共感的に理解することであり、その本質は決してテクニックにはありません。それを踏まえた上で、一方で、「型」としてのテクニックについて学ぶことも大切です。本書では、応答と質問に関する基本的なテクニックについて概要を説明していきます。

⇩うなずき

傾聴するときには、話し手を見ながら、大きくたくさんうなずきましょう。「うん、うん」「ふん、ふん」「あぁ、そうか」「ほう、ほう」「なるほど」のように声を出しながらうなずくとよいでしょう。そうすることで次のメッセージが伝わります。

「あなたの話を理解しています」
「あなたの話は私にとって大切です」

⇩キーワードを繰り返す

大きくたくさんうなずくことに加え、**話し手が口にした大切なキーワードを短く繰り返す**と、話し手は「私の言っていることをわかってくれている」と感じられ、いっそう話しやすくなります。例を見てみましょう。

話し手「そうしたらね、夕立ちになったの」
あなた「えっ、夕立ち!?」
話し手「そう、まさかそうなるとは思わないから傘がなくて、でも、『貸してください』なんて言い出せないしね」
あなた「貸してなんてねぇ」
話し手「そう、言えないから、どうしよう、って困っていたのよ」
あなた「うん、うん、それは困るわね」
話し手「そうしたらね、偶然、経理課の山田さんが歩いてきたの」
あなた「山田さんが」
話し手「ええ、山田さんも私に気づいてくれて、よかったら駅まで傘に入っていきませんか、と言ってくれたのよ」

あなた「へえ、よかったらどうぞって？」

話し手「そうなの、あの山田さんがよ！　うれしかったわ」

あなた「それはうれしいわね！」

話し手「うん、それに、話してみたら意外に優しいし、話も面白いの」

あなた「へえ、優しくて面白い人なんだ！」

⇩話し手のメッセージの要点を言葉で返す

傾聴するときには、話し手が口にしたキーワードを繰り返すことに加えて、**話し手が伝えたい要点を短く言葉にして返す**と、話し手はいっそう「わかってもらっている」と感じてもっと話したくなります。すると会話がスムーズに進みやすくなります。

話し手の言葉尻にとらわれるのではなく、「話し手は何をわかってほしいのか」と、話し手が伝えたい中心的なことがらを理解しようという気持ちで聴き、大切なところだけを短く返せると理想的です。

例①
話し手「どうしてオレがあんな言われ方をしなきゃならないのか、わからないよ」
あなた「理不尽な言われ方をして本当にイヤだったんだね」

例②
話し手「あの人と別れる日が来るのはわかっていたのに、本当にそうなるとすごく寂しいの」
あなた「わかっていても、すごく寂しいのね」

⇩感情を言葉にして返す

話し手が感情を表現しているときには、単に事実だけを応答して返すのではなく、その**感情に応答することが大切です**。まずは感情への応答が欠けている例を見てみましょう。

感情への応答が欠けている例

話し手（暗い表情で）「あーあ、バーゲンで3万円も使っちゃった……」
聴き手「バーゲンで3万円使ったのね」

この話し手は暗い表情で語っています。たくさんお金を使ったことを後悔しているのでしょう。その気持ちをわかってほしいのであって、3万円の買い物をしたという客観的事実を伝えたいわけではありません。それに対して、聴き手の「バーゲンで3万円使ったのね」は事実だけを返していますから、共感が伝わりません。

よりよい応答として、次のような例が挙げられます。

相手の感情に配慮した応答の例

話し手（暗い表情で）「あーあ、バーゲンで3万円も使っちゃった……」
聴き手①「3万円も使って後悔しているのね」
聴き手②「お金を使いすぎちゃったってイヤになっているのね」

傾聴のテクニック②
質問

04

話の流れに沿った質問をする

質問を上手に使うと、話し手は話しやすくなります。しかし、一歩間違うと熱心な質問は「尋問」にもなりかねません。誰でも根掘り葉掘り質問されるのはイヤなものですね。話し手が一層話しやすくなるためには、**話し手の話の流れに沿った質問をすることが大切です。**

では、まず上手に質問を挟んでいる会話例を見てみましょう。

流れに合った質問の例

話し手「昨日ね、朝6時半に急に電話があったんです」
あなた「そんな朝早くにですか?」
話し手「ええ、そうなんです。びっくりしまして、いったい誰だろう、と思って慌てて電話を取ったんです」

あなた「びっくりしますよね。それで、誰からだったんですか?」

話し手の気持ちに沿う質問は傾聴に使えますが、尋問だと話しづらくなります。尋問と傾聴の違いを見てみましょう。

尋問になっていて話しづらい例

話し手「今年ね、大きな地震に遭ったんです」
聴き手「いつですか?」
話し手「3月です」
聴き手「どこですか?」
話し手「茨城です」
聴き手「どれくらい大きな地震だったんですか?」
話し手「震度4です」
聴き手「そうですか」
話し手「はい……」

傾聴の例

話し手「今年ね、大きな地震に遭ったんです」
聴き手「え、地震に遭われたんですか」
話し手「ええ、私の家がかなり揺れましてね。怖かったですよ」
聴き手「それは怖かったでしょう」
話し手「ほんと、怖かったです。で、私は大丈夫だったんですけど、家内がケガをしましてね」
聴き手「奥さまが！　おケガはひどかったんですか？」
話し手「家から逃げ出そうとして転んで脚を折ったんです。それで3日ほど入院しまして」
聴き手「3日間も!?」
話し手「でも骨折よりも、妻は地震の揺れがすごくショックだったようで、夜もうなされるようになったんです」
聴き手「そうですか、それはご心配されたでしょう？」

⇩軽い会話なら質問は多く、深刻な悩み相談なら慎重に

社交的な場での楽しい会話なら、質問を多用すると「私はあなたの話に興味があります。もっと聞きたいです」というメッセージが伝わります。その場合は、相手の話していることについてもっと教えてもらうための質問と、相手の興味あることや好きなことについて尋ねる質問をしましょう。

しかし、**話し手が辛い悩みごとを話しているときは、質問は減らして話し手の話す内容を繰り返す応答を多くするほうが安全です**。話し手にとっては辛い内容ほど傷付きやすいので、詮索されることなく自分のペースで話せることが大切だからです。

傾聴するときには、話し手の感情をくみ取りながら、よくうなずいたり、話し手の話に沿う応答をしたりして、反応豊かに耳を傾けるよう心がけましょう。

共感と「共感ではないもの」

05

相手と同じ気持ちになるのは共感と言えるのか？

二階堂さんは大次郎市長から、娘さんとのあいだで彼女の心に起きたことは共感ではないと指摘されました。私たちは、「話し手の気持ちをなるべくあたかも自分のことのように想像して感じること（共感）」と、「そのままの話し手を人として受け入れること（受容）」をしようとするとき、場合によっては自分の感情に飲み込まれてしまうことがあります。自分自身の痛みがよみがえるからです。

たとえば、話し手が悲しい出来事や気持ちを話しているのを聞いて、悲しくて落ち込んだり、涙が止まらなかったりすることがあるかもしれません。また、話し手が誰かに対する怒りをあらわにしているのを聞くと、私たちの心の中に、「なんてひどい人間だ」と怒りが湧くことがあるかもしれません。そんなときには、私たちは話し手のことを「あたかも自分のことのように理解している」のではなく、私たち自身の心の底にあってまだ癒えていない傷や怒りが痛み出しているのです。それをここでは「同感」と呼んでいます。

共感と同感の違い

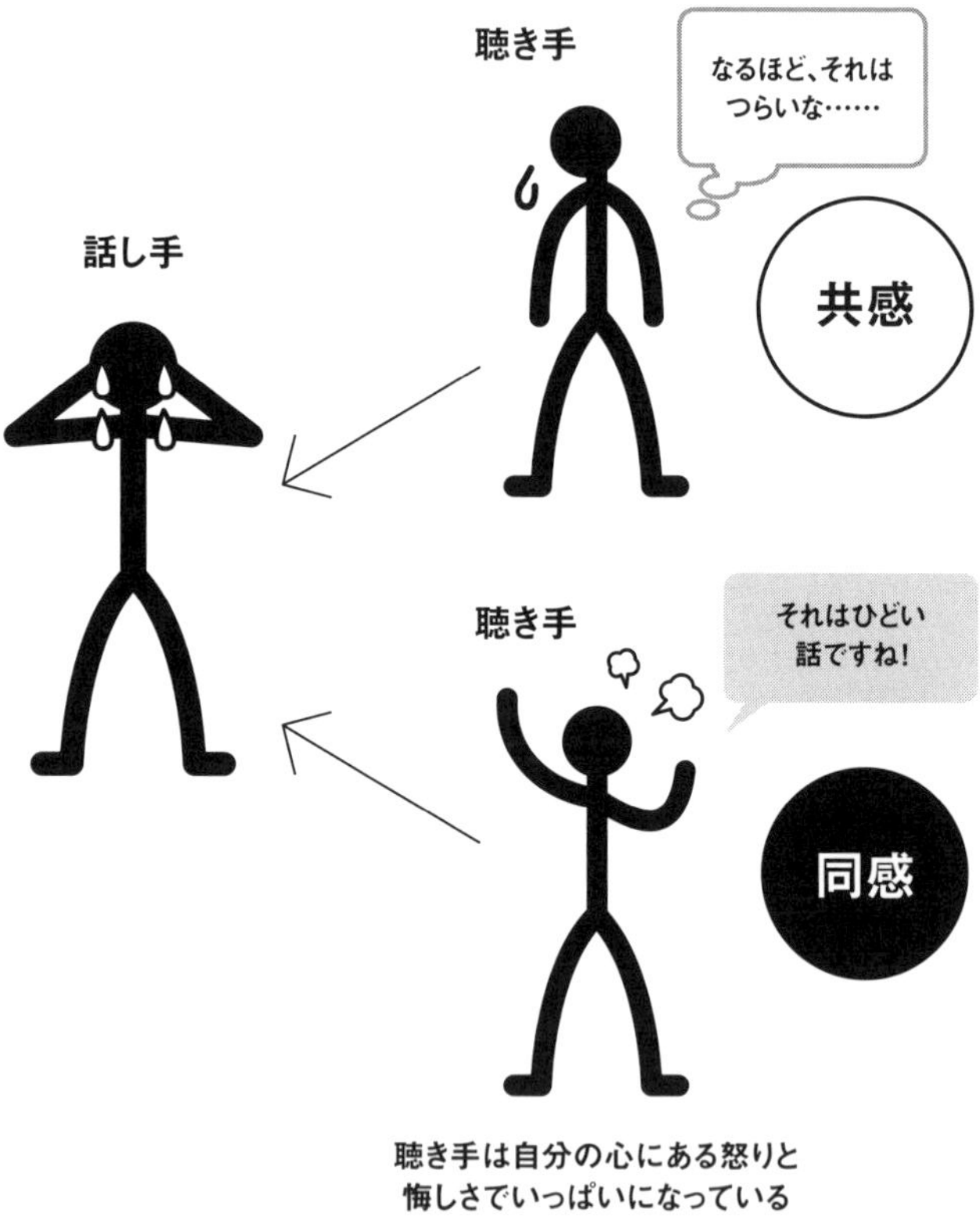
聴き手
なるほど、それは
つらいな……
話し手
共感
聴き手
それはひどい
話ですね!
同感
聴き手は自分の心にある怒りと
悔しさでいっぱいになっている

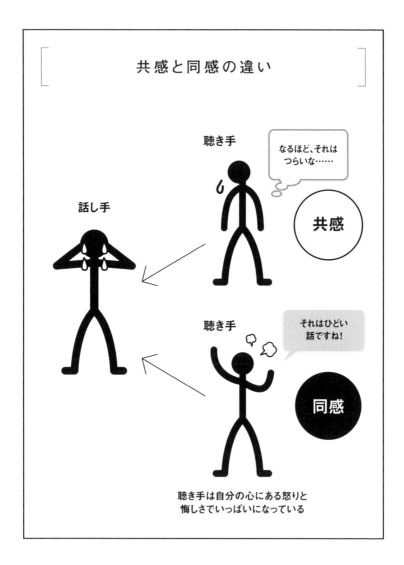

また、私たちは自分の心の痛みに触れるのが怖いため、自分でも気づかないうちに心を固くしたり、話し手と距離を取ってしまったりすることもあります。すると、話を聞いてもあまり何も感じなかったり、話し手の言うことがピンと来なかったりします。また、話し手にイライラしたり批判的な気持ちになったりして、話し手を傷付けるようなことを言ったり説教したりすることもあります。

話し手のことを1人の独立した人間として尊重し、その人の感じていることや考えていること、伝えたいことを、あたかもその人自身のようにひしひしと、ありありと感じて理解するためには、人の痛みや苦しみに共感できると同時に、同感して感情に溺れてしまわない独立した自分自身が必要です。そしてそうあるために必要なのは、「強くなろう」と意志の力でがんばることではなく、心理療法を受け続けることによって、自分の心にある未解決の心の葛藤を高い程度に解決することです。

二階堂さんは、娘さんの話を聞いて担任の先生に腹を立てた原因を容易に特定することができました。二階堂さん自身が子どものときに、当時の担任の先生が他の子どもをえこひいきして彼女のことを十分にかまってくれなかったことに対する悲しさと怒りがあったことを思い出したのです。しかし実際は、私たちが自分の心の痛みに本当に気がつくのはなかなか難しいものです。自分では理解したつもりになっても、単に理屈レベルで知識としてわかっただけで、そこにある本当の感情を感じることはなかなかできるものではありません。また、その一端をつかめたとしても、その奥にさらに深い心の痛みや傷付きがあることが多いものです。

たとえば二階堂さんの場合であれば、担任の先生の愛情と関心をそれほどまで強く求めたのは、両親からの愛情と関心が不十分で、そのことが寂しかったためかもしれません。私たちは、心にある怒り、悲しみ、寂しさなどの感情をフルに感じてしまうと辛すぎるため、自分でもわからないうちに、感情を抑圧して感じなくしているものです。

しっかり傾聴しようとすればするほど、私たち自身の心のあり方が問われます。そのことについて、ここから私自身の体験をもとにさらに詳しくお伝えします。

⇩私自身の苦しい経験

私があるときカウンセラーとして、愛情飢餓の苦しみと空虚感が極度に深く激しい人とお会いしたときのことです。その人は心の苦しみから逃れようとして、人々の関心を強烈に求めずにはいられない人でした。そして気に入った人に対しては、空虚感を埋めようとして極端に接近しようとせずにいられない、大きな苦しみを抱えて生きていました。そのような人は、人々の愛情と関心を激しく求めると同時に、今まで人々がそれを満たしてくれなかったことに対する強烈な怒りも心に潜ませています。

私がその来談者のカウンセリングをしていたころのことです。二夜続けて真夜中2時きっかりに目が覚めたのです。しかも、何とも言えないとても嫌な苦しい気分です。それからはわけのわからない苦しさのため眠れません。また日中も、胃のあたりにとても嫌なものが詰まった感じがずっと消えません。私には、あたかもその話し手から目に見えないホースが伸びてきて私の胃の辺りに吸盤でぴちゃっと密着し、「気」を吸い取られていたかのように感じられました。

あのときの私には、その話し手を「助けなければいけないし、嫌われたくない」というニーズがありました。私はプロのカウンセラーとして彼女を助ける役割だったのですが、私の中には、彼女に好かれることを求める依存的な気持ちもあったのです。そのため私は彼女の「気」をまともに受けて苦しんだのだと思います。

「私は私、あなたは…？」

私はこれまで、私自身の心の奥にある自己無価値観を根本から解決する努力を続けて来ました。そのきっかけとなった経験の1つをお伝えします。

それは、私が米国で大学院生だったときのことです。実習先の病院でグループカウンセリングのアシスタントをしていました。そのグループで、ある日カウンセラーの先生の指示によって、参加者たちは、「私は私。あなたはあなた」と言葉にしてみて心にどんな動きが生まれるかを感じてみるという活動をしました。私も声に出して言ってみました。すると何か違和感があります。そこで、より自分の感じにぴったりくるよう言い直してみました。すると、「私は私。あなたは……ちょっとだけ私」と言いたくなったのです。そのグループを率いていたベテラン・カウンセラーはそれを聞いて、「じゃあ、あなたは他人の人生の責任を引き受ける覚悟がありますか？」と私に尋ねました。

そんなの、とんでもないことです！

当時の私のように、自分と他人の区別がつかないまま話し手の援助をしようとすれば、話し手がよくならないときに苦しむことになります。そしてそうなる原因は、私の中に根深く巣食っていた、「人を助けないとぼくは価値がない」という自己無価値感でした。

のちに私は自分がカウンセリングを受けていて、「人を助けられる有能なプロでなければこの世に存在する価値が低くなる」「人に見捨てられたくない！」などの感覚が心の深くにあることに徐々に気がついていきました。それとともに、私の心の奥には、幼いころに両親から「お前はダメな子だ」というメッセージを受け取った痛み、悲しさ、寂しさ、怒りがあることを実感しました。

⇩相手の依存的な態度を引き起こしているのはあなた自身の問題

先ほどの私の例と同様に、人から依存されるという悩みについて、ある日カウンセラー志望の大学生である佑輝くん（仮名）から相談を受けました。知り合いのAさんがしょっちゅう悩み相談の電話をかけて来るので困っているとのこと。佑輝くんははじめのうちは親切にAさんの相談に乗っていましたが、そのうちAさんが真夜中など時間もかまわず電話をかけて来るようになり、困っていたのです。ところが彼は、Aさんを傷付けたくないと断れずにいるのでした。

佑輝くんがAさんからしつこく電話をされるようになったのは、そのように引っ付かれてしまう要素が佑輝くんの中にあったからです。「苦しむ人を楽にしないといけない」「人が傷付いたら自分のせいだ」などの信念が佑輝くんの内にあるために、Aさんを断ることができないのです。つまり、佑輝くんはAさんへの対応に困っていると同時に、Aさんを求めてもいるのです。Aさんが楽になってくれること、救われてくれることを佑輝くんが必要としているからです。そして、佑輝くんがAさんと適切な距離がとれない原因は、彼の自己無価値感にありました。Aさんがしつこく電話をするのは、そうせずにいられないAさんの空虚感、寂しさの苦悩のためです。その苦悩が、佑輝くんのもつ自己無価値感と共鳴し、彼とAさんは引き付け合ったのです。

⇩人間関係は、互いに引き合って成り立つ

人間関係は相互的です。互いに引き合ってはじめて成り立つのです。どんな強力な磁石でも木材にはくっつかないのと同様に、人から強く依存されて困るのは、自分の中にも依存してくる相手から「よく思われたい」「この人によくなってもらうことで自分の価値を感じたい」などと相手を求める気持ちがあるからです。ですから**人から依存されて困る状況を解決するには、依存してくる相手を変えようとしても役に立ちません。自分の中の、相手の依存を引き出した原因を解決することが問題解決になります。**ですから傾聴を本格的に深めるためには、傾聴者自身がカウンセリングを受けて自分の心の痛みや苦しみの原因を解決することがとても有益です。

私が苦しくなったあの来談者と、佑輝くんにしつこく電話をしてきたAさんは、私と佑輝くんに成長と発展の刺激をくれた人たちです。その縁は貴重です。

06 話し手への信頼

苦しむ話し手の中にある賢明で健康な本質とは

あなたは、傾聴を通して悩み苦しむ人の心の支えになろうと思っているかもしれませんね。ですが、その思いが相手を逆に依存的にしてしまう危険をはらんでいることも覚えておいてください。

「あの不幸な人に、もっと前向きに考えてもらうにはどうすればいいだろう」「あの人を元気にするにはどうすればいいだろう」とあなたが悩み、相手とかかわることが、しばしばその相手を依存的にしてしまうということです。なぜなら、このように相手を変えようとしていること自体が相手のもつ成長力を信頼していないことの表れだからです。私たちが助けられるのは、「あなたに助けてほしい」と求めており、しかも変化する心の準備ができている人だけなのです。

話し手は何らかの苦しみの中にあり援助を必要としているのですが、**その人の根本には、賢明で健康な本質があり、その「本質的な存在」が、「限界ある人間」として苦しんでいる**という視点も大切です。それは決して、話し手の苦しみを軽く考えるということではありません。また、話し手自身にも、自分のその本質は実感として感じられていないかもしれません。その視点を話し手に伝える必要もないでしょう。

ただ、聴き手の意識として、話し手はしなやかでたくましくて賢くて健康な本質がある存在だという信頼を心の奥に保ったまま、限界ある弱い人間としての苦しみの深刻さに共感し、一緒にいることが重要です。

その根本的な信頼をもちながら傾聴することによって、話し手の強さが少しずつ表れてくるのです。

Part 3 傾聴の実践

Story 3
あの人の本音はどこにある?
万葉県
私はこれからSNSを始めます!
twitter
facebook
mixi
Instagram
……
などなど
え…そんなに
ザワ
まじか…この前は耳かたむけ課 そして目安箱 その後は着ぐるみに風船 今度はSNS…
まじか…
市長は何がしたいんだ
ザワ
今度はSNSか
まぁ…そのうちやるとは思ってたけど

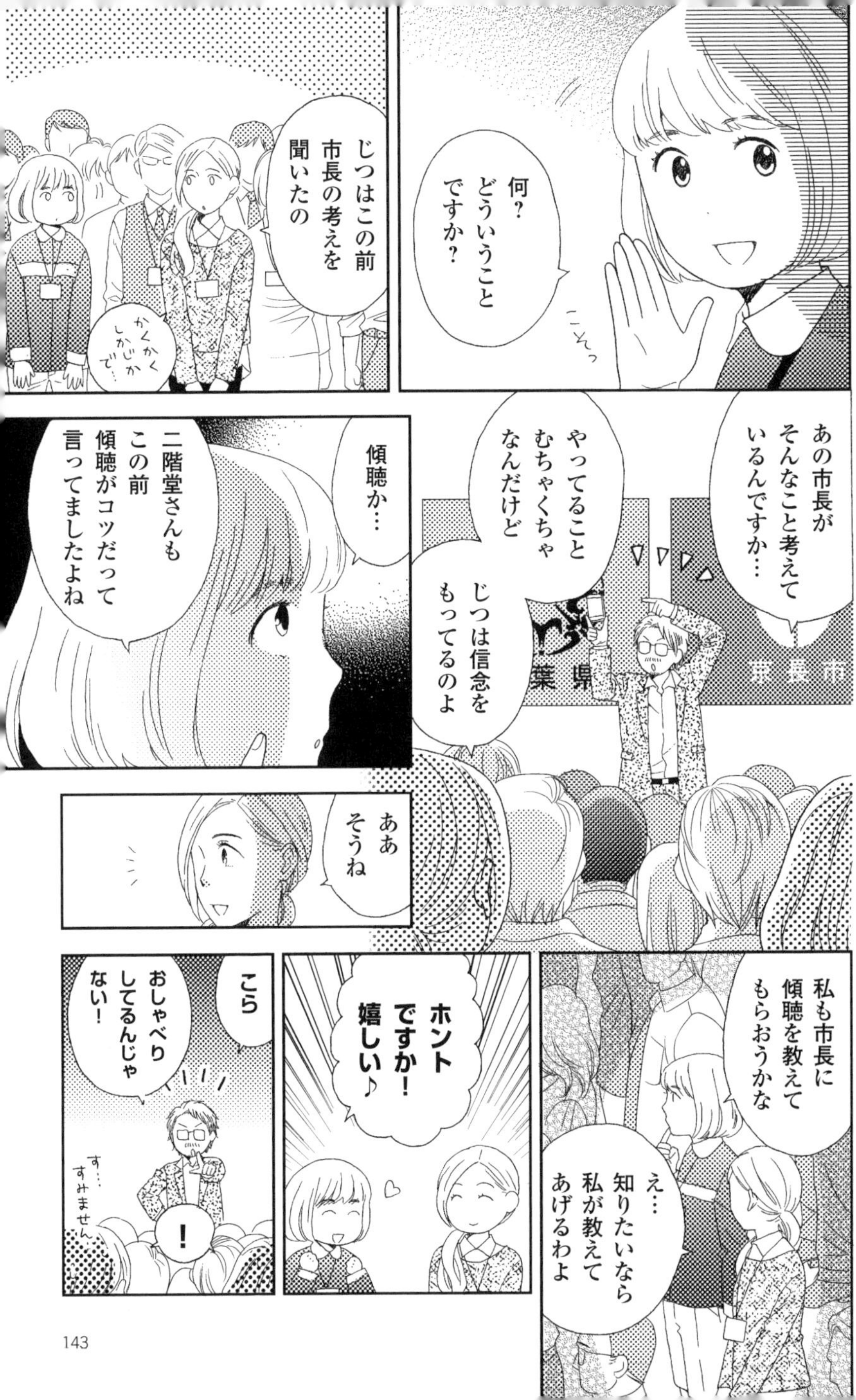
何？
どういうこと
ですか？
こそっ
じつはこの前
市長の考えを
聞いたの
かくかく
しかじか
で…
あの市長が
そんなこと考えて
いるんですか…
やってること
むちゃくちゃ
なんだけど
じつは信念を
もってるのよ
傾聴か…
二階堂さんも
この前
傾聴がコツだって
言ってましたよね
ああ
そうね
私も市長に
傾聴を教えて
もらおうかな
え…
知りたいなら
私が教えて
あげるわよ
ホント
ですか！
嬉しい♪
こら
おしゃべり
してるんじゃ
ない！
！
す…
すみません…

…傾聴
数日後
耳かたむけ課
そうなんですか
とてもご心配だったんですね
ありがとう また来るわね
いい感じに傾聴ができてきたわね
ありがとうございます！
二階堂さんのおかげです！

最近
耳かたむけ課の
おかげで
仕事が楽に
なったたな
クレームは
ほとんどあそこで
対応してくれてる
もんな
市役所に
来る人たちも
たらい回しに
されなくなった
って言ってたよ
ぺちゃ
市長って
もしかして
やり手なんじゃ
ない？
くちゃ
ごほんっ
す…
すみません…
無駄口叩いている
ヒマがあるん
だったら
あそこに
立っている女性の
相談にでも
乗ったらどうだ
キょろ。。。

いや…私は…
コピーの途中だった
あっでんわ
あの…
どうかしましたか？
ったく
ちょっと相談が…
じゃあこちらへどうぞ
……

耳かたむけ課
かわいい赤ちゃんですねお名前は？
スヤ
沙羅《さら》…です
スヤ
沙羅ちゃんですか かわいいお名前ですね
……
スヤ…
で…今日はどうなさいましたか？
あの…
その…

話そうと思っても言葉が出てこないんでしょうか？
………
………
………
どうして2人とも話さないんだ…？
大次郎市長
もし相談者がなかなか話をしてくれない場合はどうしたらいいんですか？
「話せばラクになるよ」とか
「自分はこんなことがあったよ」とか
話をさせるようにしたらいいんですか？

話せない気持ちを受け止めるんだ
話せない気持ち…？
たとえ相手の気持ちを受け止めようと思ってのことでも
何でも話してごらん～
うっ…
「なんでも話して」はプレッシャーになるんだ
プレッシャ～
「何か話さなければいけない」ってプレッシャーですか？
？
そうだ　だいぶ理解してきたね
さぁ
話して！
えと…
心の傷
ぐり　ぐり
無理に話をさせると心の傷を深くしてしまうこともある
たとえば自然災害や交通事故で大切な人を失った場合とかね
なるほど…
それじゃあ…どうすれば？

どうして
話せないのか
その気持ちを
想像しながら
相手のペースを
尊重する
話せない
理由が
あるのかな…
……、
話し相手の
気持ちを
感じながら
黙って一緒に
過ごすことも
支えになる…
ってことですか？
……
お話
しづらい
んですね

……
じつは…
はい
じつは今アパートの2階に住んでいるんです……
ええ
窓の外には街灯があって夜になると眩《まぶ》しくて眠れないんです
なんとかしてもらえないでしょうか……
………

そうですか……
眠れないと
お辛いですよね
眠れないのは
私じゃないんです
え…　あぁ
沙羅《さら》ちゃんの
こと？
スピピ
はい
なるほど…
それは
大変ですね
街灯など
公共物のことは
「土木事務所
【維持 建設課】」で
相談してもらえますか
３Fに上がった
ところに
部署があります
…はい
…わかりました

ペコ
ペコ
私の
思い過ごしかな
なんか
気になるわね……
……
……
数日後
耳かたむけ課
トントン
すみません…

ぺこ
あ…この人
近所の公園のことで相談があるんですけど
え…今度は公園ですか？
公園の砂ってネコがフンなどをしたりするじゃないですか
ええ…
この子が病気にならないか心配なんですけど……
この子って…
まだ歩けないのに
今そんなこと気にしても仕方ないのに
定期的に砂の入れ替えやネットフェンスも設置して衛生面にはとても気を使っていますし
不安であれば公園施設課にご相談してください
ここです

…そうですか
ありがとうございます
まだ砂場で遊ぶ年齢じゃないですよね…？
やっぱり気になる……
数日後
公園でピクニックなんて久しぶりね

キャッ
キャッ
お弁当
美味しい♪
ぱくぱく
そんなに急いで
食べなくても
誰も取らないから
むしゃ むしゃ
ふふ
えいっ
とどかないよっ
こんなに
ゆっくり
できるなんて…
なんだか
幸せね
わい
わい

あはは…
あれ… あの人…
どうかしたの？
ゼェ
お茶くれー
なんだか1人で寂しそうだね…
うん…
COSMIC EXPLORER
あの人 最近よく市役所にやってくるのよ
大丈夫かしら…
一度市長に相談してみよう…

ザワ
ザワ
ずっ
なるほど気になるね
ですよね
耳かたむけ課に来るときはそれなりの相談をされるんですが…
なんだか本心は他にある感じがするんですけど
言ってくれないんですよね
話さないときは話せない理由があるんだよ
話せない理由…ってなんなんですかね？
それはわからないよ

それじゃあ私は何もできないんですか…
ガクッ
そんなことないよ
え…
少なくとも彼女は市役所にやってくるだろ
だったら質問の裏側にある気持ちを理解するんだ
質問の裏側…？
話し手の質問は言葉に出来ない本音が隠されている
ズッ
本音？

自分たちの仕事が取られてしまうのが怖い…
いや…もっと怖いのは
自分たちの仕事スキルが低いってことがバレるのが怖いってのがホンネだよ
！
高橋さん
え…
私が耳かたむけ課が嫌いだって答えていた…
裏側の心情です
高橋さん…

ニコ
二階堂さん
傾聴では質問というかたちでどんな思いが表現されているのかを理解しようとすることが大切なんだ
質問
耳かたむけ課の仕事はどうだい？
本音
自分の仕事が取られてしまったらどうしよう…
聞き手
話し手
そして話し手の怖れを聴き手がきちんと理解していることをまず伝え
話にじっくりと耳を傾けてあげるんだ
は…はい やってみます
他の課へ案内することが多いですかね～
ほっ
高橋さん
どうですか あなたも一緒に傾聴をやってみませんか？

市長…
ギュッ
だから
自分を変えたい
ザワッ
傾聴は人生を
変えますよ
にこっ
ざわ
傾聴って何？
人生変わるって
すみません…
あの…
ゴミの出し方
なんですが…

うんうん
……
……
耳かたむけ課
……
まだ私なんて子どもですから…
1人でがんばらないと…
この子をちゃんと育てられるか心配で…
夫も手伝ってくれなくて…
つい声が大きくなって…
子どもに怒鳴ってしまった後に自己嫌悪になるんです

ぐすっ
もしかしたら
産後うつなの
かもしれない…
けど…
気休めとか
どうすべきかを
押し付けても
きっと
役に立たない
……
内田さん
はい
今日 時間
ありますか？
とても
お辛そう
なので
市役所の育児
アドバイザーも
入れて３人一緒に
もう少しお話
しませんか？
……
さ…
３人だったら…

もちろんです じゃあさっそく

数日後
はやくはやくー
わいわい
フフ…
ママどーしたの?
傾聴ができるようになると人生が変わるからね

高橋さん、まじめだから…

話せない気持ちを理解する

01

話したがらない人にどう対応するか？

私がセミナー、研修等で傾聴を教えていると、「心を開かない人に心を開かせるにはどうすればいいですか？」とか「話してくれない人に話してもらうにはどうすればいいでしょうか？」という質問を、受講者の方々からよく受けます。

そう質問したくなる気持ちはもっともです。ですが、じつはその質問が心に浮かぶこと自体が傾聴に反する態度とも言えます。

傾聴するにあたってとても大切なのが、**「ありのままの話し手を受け入れる」**ことです。聴き手にその態度があればあるほど、話し手は安心して自分のことを話しやすくなります。ですから、話せない人に対して「心を開かせよう」とか「話をさせよう」とするのは、「心を開いて話すあなたならいいけど、そうじゃないあなただったら受け入れない」ということですから、無条件の受容とは正反対のあり方です。話せない人は、聴き手が

「心を開かせよう」「話をさせよう」とするほど、その人間関係が安全だとは感じられないので、本音を語ることがさらに難しくなります。

では、話し手が話せないときには、聴き手は何も言わず、ただ黙っていればいいのでしょうか？

そうではありません。**まずは話し手の話せない気持ちを共感的に理解することが大切です。**

では、話せない人の気持ちをどう共感的に理解できるのでしょうか？

⇩聴き手を信頼するのは難しい

私たちは、自分のことをわかってくれる人にはいくらでも話したくなるものです。そしてよく傾聴ができる聴き手ほど、話し手が何を話しても何を感じても、それを理解して受け入れることができます。でも私たちが人に話をするときには、そんな聴き手に対してでさえ本音を自由に話すのはなかなか難しいものです。なぜなら、「この聴き手の人は何を話したとしても批判的に思うことなくわかってくれる」と信頼するのは難しいことだからです。

多かれ少なかれ誰もが、自分の気持ちや思いを大切な人に素直に表現したときに、それを尊重されたりわかってもらえたりするどころか、逆に批判されたり無視されたりした経験があるはずです。その経験によって深く傷付くほど、聴き手を信頼して心を開き本音を話すことが難しくなります。そして、その**心の痛みが強い人にとっては、人と一緒にいること、そして自分について話すことは怖くて苦痛なのです。**

多くの人が、初対面の人と会話することに苦手意識があります。初対面の人とはなぜ話しづらいかというと、何を話せば相手が自分のことを好意的に思ってくれるのか、逆に何を話すと悪い印象をもたれるかがわからないからです。ですから、なるべく当たり障りのない話題を探しておしゃべりすることになります。

自分の思いを素直に表現したときに批判されたり否定されたりして心が激しく傷付いた経験をもつ人ほど、現在の人間関係において自分のことを話そうとしても話題が浮かばない傾向があります。しかし、話すことが浮かばないからといって本当に話題がないわけではありません。内心では色々なことを考えているものです。そういう人は話すことがないわけではなく、「思うことを正直に話すと、批判されたり悪く思われたりするんじゃないか」と不安なのです。そのため、「あれを話してはいけない、これを話してはいけない」と自分でもわからないうちに思考にフタをしているために、話す内容が出てこないのです。

⇩愛情飢餓感の強い人ほど心を開けない

Ｐａｒｔ１でお伝えしたように、人は誰でも、自分のことをわかってほしいし、ありのままの自分を無条件に受け入れてもらい大切に思ってほしいと願っています。それだけに、親など大切な人に自分の思いを表現したときにそれを受け入れてもらえず、否定されたり批判されたりすると傷付きます。「本当のぼく・私を見せると愛してもらえないんだ」と学ぶとともに、そのことでとても寂しい思いをするのです。そしてそれが繰り返されるにつれ、愛情を求めてやまない飢餓感が激しくなります。

そういう人は、心の底の寂しさゆえに、人々からよく思われること、悪く思われないことを強く求めるようになります。ですから人の目がとても気になります。すると、自分のことを素直に話すことができなくなります。好かれたくてたまらないがゆえ、嫌われることがものすごく怖いからです。

Ｓｔｏｒｙ３で登場する赤ちゃんを連れた内田さんはその傾向がとても強い人です。二階堂さんにわかってほしい、受け入れてほしい、という願いが強いからこそ、わかってくれなかったらあまりに辛いため、自分のことを話すことが怖くてたまらないのです。

話せない人の気持ちを理解し受け入れる

02

⇩相手の思いを相手の身になってひしひしと感じる

内田さん（Ｓｔｏｒｙ3で相談に訪れたお母さん）のように、聴き手に対する警戒心が強くて話せない人や、おしゃべりはしているものの、強い警戒心のあまり大切な本音を語れず当たり障りのないことしか話せない人の話を傾聴するときにまず大切なこととは何でしょうか？

それは、**その人（話し手）が聴き手に求める好意と関心の根底にある愛情飢餓感の苦しみ、そして同時に抱く聴き手への警戒感と不安を、なるべくその人の身になって想像してひしひしと感じることです。**

残念ながら、それが１００％完璧にできるということはあり得ません。でも二階堂さんは、内田さんと向き合うときにかなり高い程度にそれができました。内田さんの心の寂しさ、二階堂さんに対する不信感、不安感を共感的に理解し、そんなあり方をせざるを得ない彼女をそのままで尊重して受け入れる思いで彼女と一緒にいることができました。内田さんにはそれが感じられてホッとしたのです。

もしも、二階堂さんがその逆の態度で内田さんに向き合っていたらどうなっていたでしょう？

話さない内田さんに対して二階堂さんが「心を開かせよう」「話をさせよう」とするほど、その態度は、人に怯える内田さんにとってさらなる脅威になります。内田さんは怯えているのに、二階堂さんが「変えてやろう」とせまってきたり切り込んできたりすると、彼女の心はさらに固くなっていたでしょう。もしそうだったら、内田さんはいっそう話せなくなったか、または、当たり障りのないことを話してその場を離れたでしょう。

二階堂さんの場合は、話せない内田さんと一緒にじっと黙って座っていました。しかし、ここで単純に「話せない人に対しては聴き手も黙っていればいい」といったルール化はできません。話し手によっては、聴き手が黙っていると、「責められている」とか「話すよう迫られている」などと感じていっそう居心地が悪くなることがあるからです。

では、緊張してなかなか話せない人と向き合ったとき、具体的にどのように対応すればいいでしょうか？

ここから、ありがちなあまりよくない応答と、より適切な傾聴の応答の例を挙げて考えていきましょう。

例①「自分のことを話すのは大切ですよ。人にわかってもらえないじゃないですか」

聴き手がこのように言うと、話し手はいっそう心を閉ざすでしょう。人を警戒せざるをえない話し手の気持ちを理解し受け入れることなく、変えようとしているからです。

例②「電車は混んでいませんでしたか？　暑かったでしょう？」

話しやすい内容からおしゃべりを始めようという意図の発言です。一般のおしゃべりの中で傾聴をしながら関係をつくっていくにはよい会話術です。相手が話しやすい表面的な話題を振ることで会話が盛り上がります。

ただ、傾聴を通して辛いことや悩みごとに苦しむ人の心の支えになろうとするときには、おしゃべりをしようとしてさまつな話題を持ち出すのは、多くの場合あまり上手なやり方ではありません。なぜなら、次のようなメッセージが伝わりかねないからです。

「会話の内容はどうでもいいので、とにかく話をしてください。私は沈黙に耐えられません。また、私には深刻な悩みごとを受け止める度量がありませんから、表面的なおしゃべりで済ませましょう」

例③「お話しされたいことをご自由にお話しされればいいですよ。でも話しづらい感じでしょうか？」

聴き手が、話し手の不安と愛情飢餓感の苦しみに思いをはせながら、落ち着いておだやかにこう伝えれば、話し手は「この人は、ほかの人たちとは少し違うのかな？　私を評価したり裁いたりせず、わかってくれるのかな？」と感じることにつながりやすいでしょう。また「自由には話しづらい感じでしょうか？」という応答も適切でしょう。

もっとも、聴き手が共感的で受容的な思いでいても、それがすぐ話し手に伝わるとは限りません。心の痛みが深く激しい話し手ほど、優しく受け入れようとしている人に対してさえも容易に心を開くことができないからです。ただ、**聴き手の共感的な理解と受容的な態度が一貫しているほど、それは少しずつ話し手に伝わりやすくなります**。その態度がいくらか伝わると、話し手は自分のことをぽつぽつと語りはじめるでしょう。しかしそれでもはじめのうちは、悩みについてでも重要なことがらについては話せず、表面的な話題や無味乾燥な話に終始するかもしれません。でも、悩みを素直に話すことはとてもできない話し手の不安と警戒心を理解し、そんなあり方を尊重しながら話についていくと、話し手は少しずつ心を開きはじめるでしょう。

例④「私からどう思われるかわからないので、ちょっと緊張して話しづらい感じでしょうか？」

話し手が、「聴き手から悪く思われるのが怖くて話せない」、という自分自身の心の動きに気がついているときであれば、聴き手が話し手の不安に想いをはせながら落ち着いてこの応答をすると、共感が伝わりやすいでしょう。

ただし、聴き手がそんな自分自身の怖れに気がついていないこともあります。たとえば、聴き手から悪く思われるのが怖いと思っていること自体に気づかず「ぼくは自分のことはあまり話さないタイプだから今も黙っているんだ」と思っているような場合です。その場合だと、聴き手のこの応答は話し手の思いからズレていますから話しやすくはなりません。そんなときは、「ご自身のことを話すのは苦手で、ちょっと話しづらい感じでしょうか？」のように、話し手の気持ちを共感的に想像しながら落ち着いて語りかけるとよいでしょう。

話し手がなかなか話そうとしない場合の言葉

聞き手の言葉	話し手の反応	備考
「自分のことを話すのは大切ですよ。人にわかってもらえないじゃないですか」	いっそう心を閉ざす。 	
「電車は混んでいませんでしたか？　暑かったでしょう?」	話しやすい話題を振られて会話が盛り上がる。 	一般のおしゃべりの中で傾聴しながら関係をつくっていくにはよい会話術。ただし、辛いこと、悩みごとに苦しむ人の心の支えになろうとする場合はあまり適していないことも。
「お話しされたいことをご自由にお話しされればいいですよ。でも話しづらい感じでしょうか?」	「この人は他の人とは違うかも……」 	心の痛みが深く激しい人ほど、優しく受け入れようとしてもなかなか心を開けないもの。共感的な理解と受容的な態度が一貫しているほど、少しずつそれが話し手にも伝わるようになる。
「私からどう思われるかわからないので、ちょっと緊張して話しづらい感じでしょうか?」	「気持ちをわかってくれた」 	聞き手自身が指摘されたようなことを自覚している場合は有効。

03 話し手の質問に応答する

話し手の質問は何かを婉曲に表現したもの

話し手が自分の思うことを話しているときに、それに耳を傾けてその思いを理解するのが傾聴の基本です。では、話し手が自分のことを話さずに、質問してきたときはどう応答すればいいでしょうか？

話し手の質問は、本当は質問ではありません。つまり、話し手が純粋な質問をすることはほとんどないということです。ここで言う純粋な質問とは、単に情報や知識を得るための質問のことを指しています。次の会話はその例です。

「トイレはどこですか？」

「この廊下の突き当たりを右に曲がってください」

「ありがとうございます」

質問した人はトイレのある場所を知らず、質問された人は知っていたから教えました。これで問題は解決。これが純粋な質問とその答えの例です。

しかし傾聴の対話において、話し手がこのように純粋な質問をすることはほとんどありません。**話し手の質問のほとんどは質問ではなく、何か別のことの婉曲な表現です。**

⇩質問に単純に答えただけでは援助にならない

話し手の質問のほとんどは純粋な質問ではありませんから、質問に単に答えるだけでは傾聴になりません。「単純に答えて終わり」としたのでは、質問という〝仮面〟の裏にある本音が表現され、理解されるチャンスをつぶしてしまうことにもつながってしまいます。

ある初心者の聴き手は、「話し手から質問をされたりアドバイスを求められたりしたときは、複数の選択肢を提示して話し手に選んでもらう」と言っていました。また、質問をされたら質問で返すことにしている人もいます。「○○についてどう思いますか?」と尋ねられたら「あなたはどう思うんですか?」と聞き返すという具合です。ですが、そのいずれも、多くの場合にはあまり効果的な傾聴の応答ではないでしょう。

では話し手の質問にはどう応答すればいいか、まず私自身の失敗例をもとに検討します。

⇩不信感を質問の形で表現する（私の失敗例から）

傾聴トレーニングの一環で、生徒さんがお母さん役を演じ、私が聴き手役を務めたことがありました。ところが私の理解が拙《つたな》かったためうまくいきませんでした。その録音を再現します。

・**お母さん役**「小3の息子がいまして、不登校なんです。先生と意見が合わなくって困ってるんですよ。大きなアザをつくって帰ってきたことがあってね、『どうしたの』と聞くと、ワンワン泣きながら『先生に叩かれたって』と言ったんです。こんな大きなアザで」

・**私**「明らかに」

・**お母さん役**「明らかに大きなアザで、学校の先生に問い合わせても『そんな事実はない』とのことで。少し前にも、担任の先生と息子にトラブルがあって、『いじめられた』と泣きながら帰ってきたことがありました。そのうち息子が、『学校に行きたくない』『おなかが痛い』と言い出して、行かなくなってしまったんです。仮病だと思うんですけど、甘やかして行かせなくなって……」

・**私**「お母さんとしては担任の先生に、お子さんに暴力をふるったりいじめたりするのですごく不信感を……」

・**お母さん役**「不信感というより怒りです」

・**私**「腹が立つんですね、ええ、ええ」

・**お母さん役**「どう責任とってくれるか、という話なんですけど、話し合いにならないんです」

・**私**「話し合いにならない」

・**お母さん役**「学校側は『そんな事実はない』と否定して、息子がうそをついていると言っています」

・**私**「息子さんがうそつきだ、と言われてしまってるんですねえ」

・**お母さん役**「ええ、仮に、先生が叩いたんじゃなくてほかの生徒にいじめられてアザができた、ということだったにしても、学校は監督責任を果たしてないということじゃないですか。私は息子を信じたいんです。先生が叩いたんだったら、理由を聞かせてもらえれば話し合いはできるんですけど、そのまま1学期たってしまって話し合いにならないもんですから、ＰＴＡにかけることになったんです」

・私「先生は否定するだけで」
・お母さん役「否定するだけで、うそつきよばわりでね」
＊私「先生は自分を守ろうとして息子さんをうそつきよばわりしているんじゃないか、と」
☆お母さん役「息子を悪者にするような学校には行かせたくないんですけど、そういうわけにもいかなくて……（聴き手役の私に向かって）どうすればいいですか？」
（つづく）

私には、この傾聴練習がうまく行かなかったことはわかりましたが、なぜうまくいかなかったのかがわかりませんでした。そこで、話し手（お母さん）役の人といっしょに練習を振り返りました。すると話し手役の人は、私の＊印の発言について彼女の気持ちをこう教えてくれました。

「何か追い込まれたような気がしました。『先生が自分を守ろうとして息子を悪者にしているんじゃないんですかねえ』というような感じで返されたとき、なぜかわからないけどすごくしんどくなりました。私が演じたこのお母さんは、担任の先生に対して腹立ちや不安と同時に、頼りたい、すごくよい先生であってほしい、という気持ちもあったんです。だから、聴き役の古宮先生にあのように返されてしんどくなりました。単に『息子さんがうそつきよばわりされたんですね』と返されたらよかったです」

話し手役の人は、私の「先生は自分を守ろうとして息子さんをうそつきよばわりしているんじゃないか、と」という応答（＊）によってイヤな気持ちになり、それ以上は話したくなくなったために「どうすればいいですか？」という質問をしたのでした（☆）。ですからこの質問は、聴き手である私への不信感を婉曲的に表現したものであり、かつ「私の気持ちをこれ以上話したくない」という思いを表現したものでした。

なぜ傾聴が失敗したのか

聴き手だった私は、話し手の気持ちについて2つの大切な点で理解できていませんでした。

1つめは、このとき話し手が私に伝えたかったことは担任の先生への不信感と怒りであり、「なぜ息子を叩いたことを否定したのか」と、担任の先生の事情や気持ちを理解しようとする心の動きではなかったという点です。

私はそこが理解できていなったので、「先生は自分を守ろうとして～」（＊）という、先生の立場・気持ちに言及する発言をしました。それによって、私が話し手の気持ちや考えに沿っていないことが露呈しました。

2つめは、話し手（お母さん）が担任に対してプラス・マイナスの両方の気持ちを同時にもっていた点です。

私は、この話し手は担任への怒りと不信感でいっぱいだと思っていました。でも本当は、話し手は担任への怒りとともに、「いつも完璧に息子を守り、味方してくれる担任であってほしい」という、担任を強く求める欲求も感じていました。ですからこの話し手は、「聴き手の古宮先生は息子の担任のことを『ダメ教師だ』と見なしている」と思うと罪悪感を感じたでしょうし、この練習ではそれが起きたのでしょう。

もし私が、この話し手の担任の先生に対する怒り・不信感というマイナスの思いと、担任の先生を求めるプラスの欲求の両方を感じ取っていたなら、＊印の発言の代わりに、たとえば「お母さんとしては担任の先生が息子さんを傷付けたんじゃないかと、どうしても不信感をもってしまうんですね」とか、「息子さんが担任の先生から傷付けられているんじゃないかと、とてもご心配なんですね」などと返していたでしょう。

その言い方には、担任への怒りと不信感とともに、「よい担任であってほしい」と求める話し手の気持ちをないがしろにしない含みがあります。

もしあのとき私が、話し手の気持ちをより正しく共感していれば、話し手は「どうすればいいですか？」（☆）と質問するのではなく、彼女の思いをさらに深く語っていったことでしょう。

04 傾聴の対話が進んでいるサイン滞っているサイン

それぞれどんなサインが表れるのか？

話し手の気持ちを聴き手がよく共感して理解し、その理解が伝えられて対話が進むと、一般的にはどのようなサインが表れるでしょうか。

たとえばその1つとしては、話し手の連想がさらに進み、話し手の話が広がったり深まったりすることが挙げられます。反対に、話し手の言いたいことを聴き手があまり共感的に理解できておらず、また、理解がうまく話し手に伝わっていないときには、話し手が混乱して何が言いたいかがわからなくなったり、自分の思いが話せないために質問をしたり、同じ話が繰り返されたりすることが多いものです。

質問が不安の表れであるとき

次の聴き手①と②の対応を見てみましょう。

話し手「好きな異性にあんなメールを送ったけど、あれはダメだったでしょうか？
私は嫌われているでしょうか？」
聴き手①「どうでしょうね。私はその人じゃないからわかりませんけど……」
聴き手②「それは普通のメールだと思いますよ。大丈夫ですよ」

聴き手①も②も、傾聴の応答としてはあまりよくありません。話し手は、表面的には「答えがほしい」と感じていてこの質問をしたのかもしれませんが、この聴き手の応答では会話は深まりづらいでしょう。なぜなら、話し手の質問は本当は質問ではなく、別の思いを婉曲的に表現したものだからです。質問ではありませんので、聴き手が答えたとしても話し手は納得も満足もしません。178頁で例に挙げた、「トイレはどこですか？」は本当の質問ですから、「この突き当たりを右です」などと答えを与えれば解決しますが、それとは違うのです。実際のところ、傾聴の練習で私が右の2つの応答をしてみたところ、話し手は「ぜんぜん納得できませんでした」とのことでした。「それは普通のメールだと思いますよ。大丈夫ですよ」と保証されたとしても、「大丈夫だ」と本当に安心できるわけではありません。

では、この話し手が質問によって表現しているのは何でしょう？

それは好きな人から嫌われる怖れでしょう。もし聴き手にそのことが理解できたら、話し手の怖れをなるべく本人の身になってありありと想像して感じながらその理解を言葉で伝えれば、話し手は思いをさらに語ることができます。その例を２つ挙げてみます。

聴き手③「嫌われるようなメールを送ってしまったんじゃないか、と不安なんですね」

聴き手④「その人から嫌われてしまったんじゃないかな、とすごく心配なのね」

アドバイスや答えを求める話し手に対して、もし聴き手が役立つ知識を持っているならそれを教えてあげると少しは助けになることがあるかもしれません。しかし傾聴の対話においてそういうことは意外に少ないものです。多くの場合に大切なことは、話し手が質問によって表現している寄る辺なさや不安の気持ちを、聴き手が、頭ではなく腹で、感情レベルで、生々しくありありとひしひしと想像して感じながら応答することです。

⇩「山崎さんは大学の先生ですか?」に込められた思いとは

傾聴は、企業、医療、教育、福祉などさまざまな分野で広がっています。その1つとして、お母さんたちの子育て支援に傾聴が生かされています。

山崎さん(仮名)という子育て支援員さんは、不登校の小学生をもつお母さんから、はじめての相談のときに「山崎さんは大学の先生ですか?」と尋ねられました。山崎さんは、その質問が何の表現であるかを考えることなく「いいえ、私は子育て支援員であって大学の先生じゃありません」と答えました。そのお母さんはそのあと深い話をすることはなく帰り、それきり相談に来ることはありませんでした。

詳しい解説は次の項に譲りますが、その前に少し考えてみてください。

そのお母さんの質問はいったいどんな思いを表現したものだったでしょう?

それを理解しようとするのが傾聴の思考です。

質問の背後にある話し手の気持ちを理解する

05

お母さんの質問は何を表現したものか？

さて、前項で紹介した山崎さんの事例を引き続き考えてみましょう。

おそらくそのお母さんの質問は、「あなたを信頼していいかどうかわからない」という不安の表現だったのだろうと私は思います。もし聴き手である山崎さんにそのことが理解できれば、お母さんの不信感に思いをはせ、「私のことを信頼していいのかどうか、すごく不安なんだなあ、そして信頼できる人をすごく求めているんだろうなあ」と、話し手の気持ちを想像して感じることができたかもしれません。そんなときは、お母さんのその思いを変えようとか「私のことを信頼してもらおう」とはしないことが大切です。その上で、「優秀な大学の先生に相談に乗ってほしい、というお気持ちでしょうか？」とか、「私が信頼できるかどうかわからない、ということでしょうか？」などと応答すれば、お母さんは本音をより話しやすくなったでしょう。そのような対話を重ねることで、話し手の信頼は徐々に高まります。

大切なことは、山崎さんに対する「この人で大丈夫だろうか?」というお母さんの不信感を、山崎さんがなるべく共感的に理解しその理解を言葉で伝えることです。そしてお母さんが不信感、不安感を素直に語っていける関係を育てていくことです。

そのお母さんには、「大学の先生なら信頼できるが、そうでなければ信頼できない」という、学歴崇拝の価値観があったのかもしれません。でも実際には、子育て支援や傾聴を専門とする大学教授でも援助能力の乏しい人はたくさんいるし、反対に大学教授でも有名でもなかったとしても有能な支援者はたくさんいますから、「大学の先生なら有能だ」という見方は非現実的です。

⇩歪んだ学歴志向の底にある劣等感

そのお母さんは、山崎さんについて信頼できる人であるかどうかを自分では判断できないように感じたのでしょう。そしてそのお母さんは、人を学歴などで上下をつけて接する傾向のある人だった可能性が高いでしょう。そういう人は孤立しがちですし、自分自身への根深い劣等感を感じているものです。なぜなら劣等感のために、人に会うたびに「この人は自分より上か下か」をジャッジせずにはいられず、人と対等な仲間意識がもてないからです。

そのお母さんはそうして、学歴偏重の価値観、孤独感、劣等感のために人生に苦しみをつくっている可能性があります。そして、その苦しみを解決したくて子育て支援員さんの相談を求めたのかもしれません。もしそうであれば、そのお母さんは彼女自身の親御さんから学歴偏重の価値観を押し付けられ、「成績がいい子なら認めるけどそうじゃなければ認めない」というメッセージを感じながら育ったはずです。お母さんの心の奥にはそのことから来る寂しさと怒りがあるでしょう。

また、そのお母さんのもつ学歴偏重の価値観、孤独感、劣等感によって小学生のお子さんが傷付いたり過剰なプレッシャーを感じたりしている可能性があります。さらには、そのお母さんは心のどこかでそのことにうすうす気がついており、子どもに対するそのことの罪悪感が辛くて相談を求めた可能性もあります。

ですから、子育て支援員の山崎さんがお母さんのそんな心のあり方に思いをはせて会っていれば、お母さんは少しずつ悩みを素直に話せるようになっていったかもしれません。

⇩質問が何の表現であるかがわからないとき

話し手から質問をされたとき、聴き手にはそれが何の表現であるかがわからないことも多いものです。そのときには、たとえば先ほどの子育て支援員の山崎さんの場合であれば

「私が大学の先生かどうかが気になるんでしょうか？」などと応答し、そこから対話していく中で、お母さんの質問に何の思いが込められていたのかを、山崎さんもそのお母さんも一緒に明らかにしていくことができればよかったでしょう。

⇩安易に答えを与えない

教育相談や子育て支援など場面で話を聴く立場にある方は、お母さん方から「うちの子どもに〇〇するのがよいでしょうか？」などと質問されることがあるでしょう。そのとき、本当に単に知識がないだけの問題ならば、質問に答えて知識を与えれば問題解決になります。

しかし、その「質問」が本当は質問ではないのに、その根本にある感情や考えを探求し理解し明らかにすることなく「それでいいです」「それではいけません」「ああしてください」「こうしてください」と安易に答えたのでは支援になりません。実際の現場において、そういうことが頻繁にあるようです。では、お母さんの質問の底には本当はどんな思いがあるでしょう？

たとえば、「ダメな子どもに育ってしまったらどうしよう」という不安と心細さかもしれません。「夫（または自分の親や姑）からよい母親だと評価されたい」「子育て支援員さんからよい母親だと思われたい」といった母親の愛情飢餓感かもしれません。または言うことを聞かない子どもへの怒りかもしれません。子育ての絶望感かもしれません。それらの気持ちをお母さんと一緒に明らかにしていける応答が必要です。

悩んでいるお母さんからすると、自分の気持ちを理解しようとすることなく安易に答えを与える支援員は、質問の底にある苦しみや寄る辺なさ、怒りなどを本当には理解してくれないので、相談に来ても意味がありません。ですから悩んでいても来談しなくなります。相談員の「回答」が教科書的に正しい答えであるときには、いちおう納得せざるを得ないので、「わかりました。ありがとうございました。」と言って相談が終わります。でも心から納得しているわけでありませんから、その「正解」の回答によって親子関係がよくなるわけではありません。

「質問には答えるべきだ」とか「答えてはいけない」などと一概には言えません。要は、**「何と言えばいいのか」という表面的なことよりも、話し手の生きる世界をどれだけ理解し、彼（彼女）らに添えるか、その能力の質が、支援が有益になるか無益になるか、ときには有害になるかを決めるのです。**

沈黙したり話せなくなっているときの対応

06

沈黙は何も起きていないわけではない

おしゃべりにおいては一般的には沈黙を避けようとするものです。しかし傾聴においては、沈黙は単に避けたり破ったりするものではなく、丁寧に扱うことが大切です。

傾聴の対話において、２人がしゃべっているからといって必ずしも対話が進んだり深まったりしているとは限りませんし、**沈黙しているときに何も起きていないわけでもありません。２人が何かを話し続けるようにすることが聴き手の責任でもありません。**

沈黙を恐れる聴き手は、単に間を埋めようとしてしゃべります。そのとき話し手への質問という形をとることもよくあるでしょう。しかし、単に間を埋めるために話したり質問したりするのは対話の邪魔になります。

実際には、話し手は沈黙のあいだに自分の気持ちや考えを吟味していることがよくあります。話し手にも聴き手にも、自分の気持ちや考えを吟味する時間が必要です。ですからそのような沈黙なら、それを壊すことなく待つことが大切です。

⇩話し手が話せなくなっているときの応答

話し手が沈黙したときは、それがどういう沈黙なのか、その意味を話し手の表情、視線、様子などから推測することが大切です。

話し手が「聴き手は共感的にわかってくれている」と感じられないために、自由に話せなくなって沈黙することがあります。そんなときに聴き手がじっと黙ったままだと、話し手はさらに話しづらくなるものです。そのときには声をかけるほうがいいでしょう。

たとえば、話し手の思考が止まって頭が真っ白になっているときには、「頭が真っ白になって話すことが浮かばない感じでしょうか?」と問いかけるのは適切な応答の一例でしょう。また、話したいことはあるものの聴き手から悪く思われるのが不安で話せないときには、「お話ししたいことはおありだけど、私からどう思われるか不安なんでしょうか?」と尋ねるといいでしょう。または緊張のために話せないときには(それも本当は、本音を話すと聴き手から悪く思われると不安で話せない状況なのですが)、「緊張して話しづらいんでしょうか?」のように尋ねるのは適切な応答の1つでしょう。

他にも、沈黙する話し手の心に起きていることに応じて、「少し混乱されていますか?」

「言いたいことがあるけど、言うことをためらっておられるのかな、と感じますが、いかがですか？」「さきほど私が〜と言いましたが、あなたの感じにはそぐわないでしょうか？」などの応答をしましょう。

また、話し手が「聴き手はぼく・私の気持ちをわかっていない」と感じているために自由に話せないこともあります。その場合には、**話し手がそれまで話していたことの要点を伝えて、理解できていないところを教えてもらう**のも1つのやり方です。

たとえば、「○○さんのお話を理解できていないところがあると思います。私の理解したことをお伝えしますので、間違っているところや足りないところを教えていただけますか？」と確認してから、話し手の内容のとくに重要だと思うところだけを短く抜き出して話し、理解を修正するといった具合です。

次の応答はその一例です。

聴き手「○○さんは、お母さまが毎日のように電話してくるのがコントロールしようとしているようですごくイヤなんですね。またお母さまは言うことがコロコロ変わるし、思い通りにしないとすごく怒るから、そのこともすごく腹が立つんですね。それでちょっと違うとか足りないところはありますか？」

⇩なぜ沈黙しているのかわからないとき

傾聴の実際においては、話し手がなぜ沈黙しているのかがわからないこともしばしばあります。そのときには、話し手の心に何が起きているかを教えてもらいましょう。

「しばらく沈黙しておられますが、〇〇さんの心に何が起きているか教えていただけますか?」と問いかけるのはその一例です。

ただし、いずれの場合でも、「話させよう」という意図で問いかけるのではありません。あくまで話し手の気持ちを「理解しよう」とします。

つまり、**話し手の考えていること、感じていること、表現していることを理解し、その理解を言葉で返そうという態度が大切です。**

質問や沈黙に安易に応答したくなる心理とは

07

あなたが話し手の質問に答えたくなる心理

話し手の質問に単に答えただけでは傾聴になりませんが、安易に答えたくなることがあります。聴き手のその心理について考察してみましょう。

私のかつての経験です。病院でアシスタントとして働いていたときのこと、あるとき患者さんから「私のことを主治医から聞いてくれましたか？」と尋ねられました。その患者さんの状態と私の病院内での役割から、主治医から詳しくその患者さんのことを教えてもらう必要はない状況でした。そこで私はとっさに「え、まあ、少し聞きましたけど、詳しくは聞いていません」と答えました。そのとき私は、患者さんの話す様子から「主治医の先生から私のことを詳しく聞いていなければ承知しない」という不満や怒りを私にもつのではないか、と感じていました。

しかし当時の私には、患者さんのそんな思いを明らかにしてゆく傾聴の対話はできませんでした。その理由の1つは、患者さんから不満をもたれたらどうしよう、という私自身の不安でした。患者さんの質問を受けると、追い詰められた気持ちになって安易に答えたり保証を与えたくなったりしたのです。

ここでは聴き手のそんな心理について考えてみましょう。

聴き手の心にそのような追い詰められた気持ちが湧き上がるのはほとんどの場合、「話し手からよい支援者だと思われたい」、「有能だと思ってもらえないとダメだ」と感じるからです。

そして聴き手がこのような反応を起こすのは、聴き手自身に深く存在する愛情飢餓感（好かれたい、尊敬されたい）と自己無価値感（自分は優秀でなければダメな人間だ）によることが多いのです。

⇩傾聴の能力に影響するもの

私は自分自身が心理療法を受ける過程において、「有能なプロでなければ世の中に存在している価値がない」という深い信念をありありと実感したことがあります。私は「自分自身のことを、有能だとか無能だとかそんなことに関係なく無条件で受け入れる自分でありたい」と思っていました。ですから、自分が「有能でなければ価値がない」という信念をもっているとは思いたくありませんでした。だからこそ、私は心の奥にあったその信念に気づけませんでした。しかしその信念は私の中に深く埋もれながら、自分では気づかないうちに私の感情や行動に影響を与え続けていました。

また、私は幼少のころに両親と離れ離れになり祖父母に育てられた時期がありました。そのころのことは今でも楽しいばら色の日々として記憶しています。ところが、心理療法を受けているときに、そのころ私が感じていた、「お父ちゃん」「お母ちゃん」と離れて暮らす寂しさ、心細さ、悲しさが込み上げて泣けたことがありました。そのような心理療法と聴き手としての経験を通じて、私は徐々に、話し手から質問をされてもじっくり落ち着いていられるようになりました。

同じようなことを、聴き手歴五十余年の超ベテランの支援者からも聞いたことがあります。その人は若いころ週3回の心理療法を1年半に渡って受けましたが、それによって起きた変化の1つとして、「話し手から質問されてもビビらなくなった」ことがあるそうです。

もちろん「聴き手自身が心理療法を受ければ話し手の質問にうまく対応できるようになる」といった単純化はできないでしょう。しかし繰り返しお伝えしているように、聴き手の人としてのあり方が、傾聴の能力に大きく影響することは間違いありません。

Epilogue
傾聴で私が変わる！
未来を変える！
1年後
まずい
遅刻しちゃう！
行ってきます！
バタ
バタ
ママが寝坊
なんて珍しい
ふあぁ…
じつはパパの話を
ずっと夜遅くまで
聴いてくれたんだよね
なるほど…
そういう
ことね
ママ
聴き上手
だから
そうだな
夫婦水入らずの
時間が増えたかな
ところで
パパ
ん？
パパは会社
大丈夫
なの？
うん
遅刻

京長市
ふう
なんとか遅刻しなくて済んだ
おはよーございまーす
わー
わー
傾聴できる人増えたなぁ
私も負けてられない!
耳かたむけ課

ええ
それじゃあ
また来ますね
それでは
ぐすっ
また少し
同感しそうに
なってしまった
傾聴は
そんなに簡単に
できることじゃ
ないですからね
大次郎
市長っ
ビックリしたー
簡単にできなくても
一生懸命相手を
受け入れようとする
その
気持ちこそが
傾聴なんです

そうですね
いつか…
!
市役所だけじゃなく…
商店街も学校も病院も…
市全体に相手のことをその人の身になってわかろうとする人が増えると幸せですね
何を言っているんですか?
え
それを実現するためにぼくが市長になったんですよ
ふふふ
そうでした
京長市役所

【著者プロフィール】

古宮 昇（こみや・のぼる）

前・大阪経済大学人間科学部教授、前・ニュージーランド国立オークランド工科大学大学院客員教授、心理学博士、公認心理師、臨床心理士、「カウンセリング・ルーム輝（かがやき）」室長（神戸市）。

米国フロストバーグ州立大学大学院（修士課程）を首席卒業し、州立ミズーリ大学コロンビア校より博士号（PhD. in Psychology）取得。米国の州立カウンセリングセンター子ども課、病院精神科などで心理士として勤務。州立ミズーリ大学コロンビア校心理学部で非常勤講師を務める。

日本では心療内科医院カウンセラー、大学の学生相談室カウンセラーを経て、現在は神戸でカウンセリングを行うほか、全国から参加できる「スピリチュアル心理学オンライン・アカデミー」を開催している。カウンセラー歴は日米ニュージーランド通算30年間以上。来談者数はのべ1万人ほどに上る。

おもな著書に『傾聴術―ひとりで磨ける“聴く”技術』（誠信書房）、『ぶり返す「怒り」「さびしさ」「悲しみ」は捨てられる！～知られざる「おとなの愛情飢餓」への心理セラピー～』（すばる舎）、『プロカウンセラーが教えるはじめての傾聴術』（ナツメ社）など。

編集協力／MICHE Company. LLC
シナリオ制作／葛城 かえで
作画・カバーイラスト／サノ マリナ

マンガでやさしくわかる傾聴

2017年1月30日　初版第1刷発行
2025年2月15日　第18刷発行

著　者 —— 古宮 昇

発行者 —— 張 士洛
発行所 —— 日本能率協会マネジメントセンター
〒103-6009 東京都中央区日本橋2-7-1 東京日本橋タワー
TEL 03（6362）4339（編集）／03（6362）4558（販売）
FAX 03（3272）8127（編集・販売）
https://www.jmam.co.jp/

装丁／本文デザインDTP——ホリウチミホ（ニクスインク）
印刷・製本——三松堂株式会社

ISBN 978-4-8207-1958-8 C2034
落丁・乱丁はおとりかえします。
PRINTED IN JAPAN